MARINE IMPÉRIALE

CONSIGNES

GÉNÉRALES ET PARTICULIÈRES

DU

PORT DE ROCHEFORT

ROCHEFORT
IMPRIMERIE CH. THÈZE, PLACE COLBERT

1864

CONSIGNES

GÉNÉRALES ET PARTICULIÈRES

DU

PORT DE ROCHEFORT.

Rochefort, le 1er Juin 1864.

Monsieur le Préfet,

Les nombreuses modifications introduites, depuis bien des années, dans les consignes du port de Rochefort, faisaient vivement sentir le besoin de les reviser et de les réunir.

En 1849, une commission, composée d'officiers appartenant aux différents corps de la marine, et nommée par M. le Préfet maritime, réunit toutes les consignes, les rectifia, et en forma un tout facile à consulter.

Depuis cette époque, de nouvelles et importantes modifications ont dû y être encore apportées, par suite de la suppression du bagne, des changements opérés dans divers établissements du port, et par la cession faite au commerce du terrain connu sous le nom de la *Vieille-Forme*. Il en est naturellement résulté que, pour former le texte complet d'une consigne, on se trouve aujourd'hui dans l'obligation de se livrer à de longues et minutieuses recherches dans les cahiers d'ordres.

Un pareil état de choses ne pouvait être maintenu ; aussi, dès le mois de mai de l'année dernière, j'ai demandé à M. le Vice-Amiral Préfet Maritime de m'autoriser à réunir toutes les consignes en vigueur et à lui présenter un travail à ce sujet.

M. le capitaine de frégate de Valmont, major de la Marine, qui, par son ancienneté à la Majorité, se trouvait parfaitement au courant de tous les changements survenus, fut chargé, par moi, de rechercher et de réunir les documents nécessaires pour refondre le travail de la commission de 1849.

Par suite de diverses circonstances, et, notamment, du départ de l'amiral, ce projet fut ajourné, et ce n'est qu'au mois de janvier dernier que je l'ai présenté de nouveau à votre prédécesseur, en y introduisant toutes les modifications devenues nécessaires par la mise en vigueur du décret du 13 octobre dernier, sur le service des places.

Ce projet, intéressant MM. les chefs de service qui, presque tous, sont appelés à concourir à son exécution, a été soumis à un examen attentif de leur part, et je me suis empressé de faire droit aux observations auxquelles cet examen a donné lieu.

C'est ce travail, ainsi amendé, que j'ai l'honneur de vous soumettre, en vous priant de vouloir bien le revêtir de votre approbation.

Je suis, avec un profond respect,

Monsieur le Préfet,

Votre très-obéissant serviteur,

Le Contre-Amiral, Major Général de la Marine,

DE ROSAMEL.

MARINE IMPÉRIALE

TITRE PREMIER

CONSIGNES GÉNÉRALES
DES
POSTES MILITAIRES

CHAPITRE I.

SERVICES DES GARDES DANS LEURS POSTES.

DEVOIRS DES CHEFS DE POSTE.

ARTICLE 1er.

Arrivée de la garde montante.

Lorsque la nouvelle garde est arrivée à cinquante pas environ du poste qu'elle doit relever, son chef lui fait porter les armes.

Le chef de la garde descendante lui fait prendre les armes à l'avance et l'établit sur le terrain, en laissant à sa gauche un espace suffisant pour que la garde montante puisse s'y former ; si le terrain ne le permet pas, l'ancienne garde se place en face du poste, laissant, entre elle et lui, l'espace nécessaire à la nouvelle garde.

Le chef de l'ancienne garde lui fait porter les armes.

Les tambours ou clairons des deux gardes battent aux champs ou sonnent la marche.

ART. 2.

Manière de former une garde.

Les gardes de neuf hommes et au-dessous sont formées sur un rang. Au-dessus de neuf hommes, elles sont formées sur deux rangs.

Les hommes sont placés par rang de taille. Ils sont

numérotés par file, de la droite à la gauche, et c'est dans cet ordre qu'ils sont successivement désignés pour faire la faction.

Quelle que soit la force d'une garde, elle est toujours partagée en deux ou quatre divisions, afin que, si elle est obligée de tirer, elle ne se dégarnisse pas à la fois de tout son feu.

Lorsque le chef de poste est officier, il se place, au port du sabre, à deux pas devant le centre de sa troupe. Les officiers qui ne sont pas chefs de poste se placent en serre-files.

Le premier sergent se place à la droite du premier rang, le second sergent à la gauche, les autres sergents et les caporaux en serre-files.

Lorsque le chef de poste est sergent, il se place à la droite de la troupe, le premier caporal à gauche, et le second en serre-file.

Lorsque le chef de poste est caporal, il se place à la droite de la troupe ; s'il y a un second caporal, il se place à la gauche.

Le tambour ou le clairon est placé à deux pas à la droite du premier rang de la garde.

Toutes les fois que les gardes prennent les armes, elles se forment dans cet ordre.

Art. 3.

Relèvement de la garde.

Les chefs des deux gardes, après avoir fait reposer sur les armes, s'avancent l'un vers l'autre et se font réciproquement le salut des armes s'ils sont officiers. Le chef de la garde descendante remet le service à celui de la garde montante, en y ajoutant tous les renseignements nécessaires.

Dans un poste d'officier, le sergent de la nouvelle garde reçoit également du sergent de l'ancienne garde les renseignements de détail relatifs à l'exécution du service.

Le commandant de la nouvelle garde ordonne au plus ancien caporal, appelé *caporal de consigne*, de prendre possession du poste, et au second caporal, appelé *caporal de pose*, de numéroter les hommes, et d'aller relever les sentinelles. L'un et l'autre opèrent, avec le caporal de consigne et le caporal de pose de l'ancienne garde, ainsi qu'il sera expliqué aux art. 19 et 20.

Dès que les sentinelles sont relevées, les chefs des *deux gardes font porter les armes*, *les clairons ou* tambours battent aux champs ou sonnent la marche, et le commandant de la garde descendante porte son peloton en avant. Il l'arrête à quelques pas, fait remettre la baïonnette et porter l'arme sur l'épaule droite, *le tambour cesse de battre*, et la *troupe*, marchant par le flanc, est ramenée au quartier en silence et en bon ordre.

Si *le chef de poste est officier*, il *peut être autorisé à faire ramener la garde au quartier par le sergent*.

Après le départ de la garde descendante, le commandant de la garde montante passe l'inspection des armes, *lui fait faire demi-tour à droite ou par le* flanc, suivant sa position par rapport au poste, présenter les armes et rompre les rangs, puis elle entre au poste.

Les armes sont placées au ratelier dans l'ordre des *numéros des soldats*.

ART. 4.

Consignes.

Les consignes générales énoncent les obligations communes à tous les postes, les devoirs généraux des chefs de poste, des sous-officiers et des caporaux de garde et des sentinelles.

Les consignes particulières indiquent le but de l'établissement de chaque poste, les objets spécialement soumis à sa surveillance ou à sa garde, et les devoirs du poste dans les différents cas d'alarme.

Enfin, l'ensemble des ordres verbaux que reçoit une sentinelle au moment où elle est mise en faction prend également le nom de consigne.

Les consignes générales et particulières sont affichées dans chaque poste sur des planches destinées à cet usage.

Dans des cas urgents, le Major de la marine, les aides et sous-aides-major qui le suppléent, les officiers supérieurs de visite des postes peuvent, dans leurs tournées, donner des consignes provisoires, dont ils sont tenus d'informer, sans délai, le Major général.

Le chef de poste en fait toujours mention dans son rapport.

Les mêmes officiers peuvent toujours se faire répéter par les sentinelles les consignes qu'elles ont reçues, mais en présence du chef de poste, du sergent ou du caporal.

Art. 5.

Service du chef de poste.

Le premier devoir d'un chef de poste est de prendre connaissance des consignes affichées dans le poste, et de donner aux sergents et aux caporaux les explications nécessaires pour leur exécution.

Dès que la garde est établie, il va visiter les sentinelles, accompagné par le caporal de pose, se fait répéter la consigne et la rectifie, s'il y a lieu. Lorsqu'un sergent, chef de poste, n'a qu'un caporal avec lui, ce dernier ne l'accompagne pas.

De retour au poste, il règle tous les services et en assure la répartition de manière à ce que tous les sous-officiers, caporaux et soldats y entrent, autant que possible, pour une part égale.

Un chef de poste ne peut s'absenter sous aucun prétexte ; il prend ses repas au poste, où il lui est défendu de jouer et de laisser jouer ; il ne peut recevoir aucun étranger, ni permettre qu'il en soit reçu inutilement dans le poste de la troupe ; il ne peut offrir à manger ni à boire à qui que ce soit ; ne quitte jamais son sabre, son hausse-col, et reste constamment en tenue. Les sous-officiers, caporaux, soldats, tambours ou clairons ne peuvent se déshabiller, ni quitter leur sabre ou giberne ; il leur est apporté à manger au poste.

Le chef de poste ne permet à aucun des hommes de garde de s'éloigner. Il les surveille constamment pour s'assurer qu'ils remplissent avec exactitude leurs devoirs : il en fait faire de fréquents appels ; il les fait quelquefois sortir en armes pour les habituer à se former promptement : sa surveillance est plus active lorsque des circonstances particulières occasionnent dans l'Arsenal des mouvements inaccoutumés.

Il est prévenu que de temps à autre, il est fait par un officier de l'Etat-major une visite des postes ; cet officier examine les objets portés sur l'inventaire, ceux de ces objets qui manquent ou sont trouvés en mauvais état, faute d'en avoir pris soin, sont remplacés ou réparés aux frais des caporaux ou sous-officiers de service au moment de la visite, à moins que ceux-ci, lors de leur arrivée au poste, n'aient fait connaître, à la Majorité générale, par l'entremise du chef de poste, les effets perdus ou détériorés au moment où ils ont pris la garde.

Il est prévenu, en outre, qu'il est fait, chaque soir, par des employés des différentes directions, des rondes pour s'assurer de l'extinction des feux ; ces rondes parcourent le port et ses dépendances, elles doivent circuler librement, en donnant seulement le mot de ralliement à toutes les sentinelles devant lesquelles elles passent.

A l'heure prescrite, le chef de poste ordonne au sergent ou au caporal de se rendre à la porte du Soleil, pour être de là conduit par le sergent le plus ancien à l'Etat-major de la Marine, où ils reçoivent les mots d'ordre du sous-aide-major, qui doit les envoyer directement à ceux des postes commandés par des caporaux qui n'ont pas de caporal en sous-ordre. Pendant la nuit, le chef de poste redouble de vigilance pour que la pose des sentinelles, les factions et les patrouilles soient faites avec exactitude. Il visite fréquemment les sentinelles ; il veille à ce que les militaires de garde ne vendent ni ne sortent le bois de chauffage dont le poste aurait fait économie, ce bois devant être conservé pour être utilisé au besoin. Il veille aussi à ce qu'ils ne prennent pas pour le chauffage du poste du bois dans l'Arsenal.

Il tient la main rigoureusement, et sous sa responsabilité personnelle, à ce qu'aucun soldat de garde n'introduise du vin dans le poste. Le sergent et le caporal sont seuls autorisés à s'en faire apporter, pour leurs repas, une quantité qui ne doit pas dépasser, pour chacun d'eux, un demi-litre pour tout le temps de la garde ; ce vin doit être introduit en une seule fois.

Quand, par exception, une garde de police ou un piquet est établi dans un poste concurremment avec sa garde, cette dernière est considérée comme garde principale, et son chef, qui doit avoir le grade supérieur ou l'ancienneté dans le grade, a le commandement. Quand le poste prend les armes, la garde de police ou le piquet les prend également.

Art. 6.

Surveillance de la tenue des hommes de garde.

Après le départ de la garde descendante et la prise de possession du poste, le chef de poste fait régulariser la tenue.

Inspection.

Le soir, au coup de canon de retraite, les hommes prennent la tenue de nuit, qui consiste à ôter les épaulettes, porter le caban et le képi. Les factionnaires et soldats en service, armés, ont toujours le schako.

Au coup de canon de diane, le chef de poste fait rouler les cabans, à moins de mauvais temps, et reprendre la tenue de jour.

Art. 7.

Maintien de l'ordre public.

Les postes de la marine placés en dehors de l'Arsenal doivent, sur la réquisition d'un agent de police ou même des habitants, prêter main-forte s'il ne se trouve pas à proximité un poste de la place en état de le faire.

Toutes les fois que les chefs de poste sont dans le cas de procéder à une arrestation, ils prennent, dans l'intérêt de leur responsabilité, les noms, professions et demeures des plaignants, et en font mention dans leurs rapports.

Si les individus arrêtés sont civils, ou s'ils appartiennent à l'armée de terre, ils sont conduits au poste de la Mairie, et, s'ils sont de la marine, ils sont retenus au poste ou conduits au violon le plus voisin.

Si les arrestations sont faites dans l'Arsenal, il en est immédiatement rendu compte à l'officier commandant les postes, qui donne des ordres en conséquence.

Art. 8.

Tout chef de poste qui, après avoir été légalement requis par l'autorité, refuse de faire agir la force placée sous ses ordres, est puni d'un emprisonnement d'un mois à trois mois, sans préjudice des réparations civiles qui peuvent être dues.

Responsabilité des chefs de poste quant au maintien de l'ordre public.

Mais en obtempérant aux réquisitions des fonctionnaires chargés de l'exécution des lois et des règlements de police, les chefs de poste restent libres d'adopter telles dispositions militaires proprement dites que l'objet des réquisitions leur paraît exiger.

Art. 9.

Si, à défaut des postes de la place, un chef de poste de la marine est requis de prêter main-forte dans un café ou tout autre lieu public, il y envoie un caporal avec le nombre d'hommes dont il peut disposer, pour faire cesser les rixes et arrêter, s'il y a lieu, les perturbateurs.

Rixes et querelles dans l'intérieur des établissements publics et des maisons particulières.

Cette troupe peut pénétrer dans l'établissement, les désordres dont il s'agit continuant, sans être assistée d'un commissaire ou officier de police ; mais si, à l'arrivée de la garde, l'ordre est rétabli, elle n'entre pas.

Si les désordres se produisent dans une maison particulière, le chef de poste y envoie également un détachement, mais il ne peut y entrer sans la réquisition du propriétaire ou sans l'assistance d'un commissaire de police, à moins que les cris : *au feu ! à l'assassin ! au secours !* ne se fassent entendre.

Art. 10.

Toutes les fois qu'un chef de poste fait conduire des personnes arrêtées, il se conforme aux règles suivantes, autant que le permet l'effectif de son poste :

Règles pour faire conduire les personnes arrêtées.

L'escorte doit toujours se composer d'un nombre d'hommes double du nombre d'individus à conduire. Une escorte de deux à huit soldats est commandée par un caporal.

Au-dessus de ce nombre, si le chef de poste est

officier, elle est commandée par un sergent, auquel un caporal reste adjoint ; elle est toujours en armes.

Il est expressément défendu aux escortes de s'arrêter pendant le trajet et de permettre aux prisonniers de communiquer avec qui que ce soit.

Elles ne se laissent pas rompre par les voitures, évitent les foules et se détournent, s'il est nécessaire, des voies directes.

ART. 11.

Cas d'évasion.

En cas d'évasion, les chefs de poste ou d'escorte, indépendamment de la responsabilité qu'ils encourent, sont tenus de faire immédiatement leur rapport, en spécifiant toutes les circonstances qui se rattachent à l'évasion.

ART. 12.

Cas d'alarme, de trouble ou d'attaque.

En cas d'alarme, les chefs de poste tiennent leur troupe sous les armes. Ils ne laissent jamais de rassemblements ou d'attroupements se former dans les environs du poste.

S'il s'agit d'un poste de l'intérieur de l'Arsenal, le chef fait prévenir l'officier commandant les postes qui lui donne les premiers ordres et fait prévenir le Major général.

Si c'est un poste en ville, le chef en fait informer directement le Major général et se défend énergiquement en attendant les ordres qu'il doit recevoir.

ART. 13.

Coffre à cartouches.

Il y a dans chaque poste un coffre renfermant un certain nombre de cartouches, dont la clé est déposée entre les mains du chef de poste, qui en est responsable ; il ne peut les faire distribuer que sur l'ordre du Major général, d'un officier de l'état-major, ou lorsque des circonstances extraordinaires et subites, compromettant évidemment la sûreté de son poste, l'obligent à faire charger les armes ; dans ce cas, il en informe sur-le-champ l'officier commandant les postes, si c'est dans l'Arsenal, ou le Major général, si c'est en ville.

Les officiers supérieurs de ronde de jour et les officiers de l'état-major de la marine, lorsqu'ils font la visite des postes, constatent que ces postes sont pourvus du nombre de cartouches voulu, et s'assurent du bon état des munitions.

Les armes chargées dont la garde n'a pas été dans le cas de faire usage sont déchargées le matin. La poudre et les balles sont remises à la Majorité générale, à l'heure du rapport, et remplacées.

ART. 14.

Cas d'incendie.

En cas d'incendie, le chef de poste fait prendre les armes et avertir le Major général et l'officier commandant les postes; il se conforme, du reste, à la consigne spéciale de son poste. Si c'est en ville, il fait prévenir le poste de la Mairie.

ART. 15.

Rapport.

Tous les matins, à l'heure indiquée par le Major général, les chefs de poste lui envoient un rapport relatant les faits et événements de toute nature qui se sont passés depuis qu'ils ont pris possession du poste. Ils entrent à cet égard dans des détails circonstanciés : ainsi, si le poste a participé à des arrestations, le rapport fait mention des noms, prénoms, grades ou professions et demeures des personnes arrêtées, du motif de ces arrestations, de l'heure, du lieu où elles ont été faites, du lieu où ces personnes ont été conduites, etc.

Le rapport rend compte des punitions qui auraient été infligées aux hommes de garde, des mouvements de troupes qui auraient eu lieu aux environs du poste depuis la retraite jusqu'au réveil, des heures d'arrivée et de départ des piquets de renfort ou de surveillance qui seraient venus stationner au poste.

Les chefs de poste y joignent le cahier de consigne supplémentaire, ainsi que ceux d'entrée et de sortie des rondes de feux, s'il y a lieu.

Enfin, ils informent le Major général, dans un rapport spécial, de tout événement offrant quelque gravité et que l'autorité supérieure a intérêt à connaître sur-le-champ.

Le rapport est porté par un sergent si le chef de poste est officier, par un caporal si le chef de poste est sergent, par un soldat si le chef de poste est caporal. Ces militaires se réunissent à la porte du Soleil et sont conduits en rang à la Majorité générale.

Art. 16.

Punitions.

Pour des fautes légères les hommes de garde sont employés en dehors de leur tour aux corvées du poste. On peut aussi leur infliger, à la descente de la garde, une des punitions déterminées par le règlement sur le service intérieur ; il est défendu de les punir par des factions en dehors de leur tour.

Lorsqu'un homme de garde commet une faute grave, il en est rendu compte au Major général, qui le fait relever, s'il y a lieu.

Un homme de garde ne peut être arrêté dans un poste sans la participation du chef de poste.

Les fautes commises par des hommes de garde ont toujours un caractère particulier de gravité et doivent être réprimées sévèrement.

CHAPITRE II.

DEVOIRS DES SERGENTS ET CAPORAUX QUI NE SONT PAS CHEFS DE POSTE.

Art. 17.

Service du sergent de garde.

Le sergent de garde sous les ordres d'un officier surveille tous les détails du service et en assure l'accomplissement ; il ne s'écarte pas du poste lorsque l'officier est lui-même éloigné.

En allant au rapport il porte le registre du poste et les

boîtes des rondes et patrouilles ; il les présente à la vérification de l'officier-major ; il rapporte au poste les marrons pour les rondes et les patrouilles, ainsi que pour la distribution du chauffage et de l'éclairage ; il les remet au caporal de consigne de la nouvelle garde.

Le caporal ou le soldat qui, dans le cas prévu par l'art. 15, est envoyé au rapport, se conforme à ce qui vient d'être prescrit pour le sergent.

ART. 18.

Service des caporaux de garde.

Lorsqu'il y a plusieurs caporaux dans un poste, le plus ancien est caporal de consigne.

Les détails du service particulier dont il est chargé sont indiqués ci-après. Les autres se partagent entre eux la pose des sentinelles et la reconnaissance des rondes et patrouilles, de manière à ce qu'ils aient un service égal à faire. Lorsqu'il n'y a qu'un caporal, il est chargé de l'ensemble du service.

Un caporal, chef d'un petit poste, peut, pendant le jour, se faire suppléer, pour la pose des sentinelles, par un soldat choisi parmi les plus anciens, lequel n'en doit pas moins faire faction à son tour.

Le matin, les caporaux font balayer le poste et ses environs par les hommes de corvée ; ils font, en outre, laver les planches volantes du lit de camp le mercredi et le samedi du 1er mai au 1er octobre, et le samedi seulement du 1er octobre au 1er mai.

ART. 19.

Caporal de consigne.

Le caporal de consigne est particulièrement chargé de veiller à la propreté et à l'entretien du matériel en service dans le poste, tels qu'ustensiles, bancs, tables, planchettes de consigne et tous les objets formant le mobilier du poste. Il est responsable de leur conservation.

En prenant possession du poste, il vérifie, avec le caporal de consigne de la garde descendante, si tous les objets énoncés dans l'inventaire affiché au poste existent et sont en bon état. Il s'assure également de l'état des portes, des fenêtres, etc. ; il en rend compte au chef de poste. Si des effets manquent ou sont dégradés, le chef de poste en informe la Majorité-générale qui les fait, sur-le-champ, remplacer ou réparer aux frais du chef de poste de la garde descendante ou de qui de droit.

Le caporal de consigne qui n'a pas rendu compte au chef de poste est seul responsable des effets manquants ou dégradés.

Dès que la garde a rompu les rangs, le caporal de consigne envoie chercher le chauffage et l'éclairage par des hommes de corvée ; il leur remet le marron qui sert de bon pour la distribution et le brancard ou la brouette destinée à transporter le chauffage. Les hommes de corvée sont en képi, ils conservent leur giberne comme marque de service.

Les corvées sont faites à tour de rôle, en commençant par les hommes qui doivent aller les derniers en faction.

Art. 20.

Caporal de pose.

Le caporal de pose est responsable de la tenue des sentinelles, de leur exactitude à observer la consigne et à la transmettre aux sentinelles qui viennent les relever. Il est également responsable de la propreté et de la conservation des guérites et capotes de guérites.

Lorsque la garde arrive au poste, le caporal de pose numérote les hommes, en commençant par ceux de la première file, pour déterminer les tours de faction.

Il fait ensuite sortir la première pose et la forme sur un rang en avant de la garde. Puis, il va relever les sentinelles, de concert avec le caporal de pose de la garde descendante, en se conformant aux règles prescrites par l'art. 23 ci-après.

Art. 21.

Placement des sentinelles. (Elles ont le sac au dos ou le manteau en sautoir).

Les plus anciens soldats sont mis en faction devant les armes et aux postes les plus éloignés et les plus importants.

Les jeunes soldats prennent les factions les plus rapprochées du poste pour qu'ils puissent être surveillés plus directement et instruits de leurs devoirs.

En général, les sentinelles sont placées à telles distances qu'elles puissent être entendues du poste ou communiquer avec lui par les sentinelles intermédiaires. Les sentinelles font faction avec le sac au dos (ou le manteau en sautoir), à moins que le Ministre n'en ordonne autrement.

ART. 22.

Manière de relever les sentinelles.

Les sentinelles sont relevées de deux heures en deux heures, de jour comme de nuit ; elles le sont d'heure en heure lorsque la rigueur de la saison ou des circonstances particulières le font juger nécessaire au Major-général ; dans ce cas, il en fait donner l'ordre au rapport. Tout caporal qui, pendant la nuit, relève des sentinelles dans l'Arsenal, doit être porteur d'un fanal.

Toutes les fois qu'un caporal doit aller relever les sentinelles, il fait sortir les soldats dont c'est le tour de marcher en les appelant par leurs numéros, les forme sur un rang, et s'assure de la régularité de leur tenue et de l'état de leurs armes. Si, par exception, les armes doivent être chargées, il veille à ce qu'elles soient amorcées.

Il leur fait mettre l'arme au bras, les forme sur deux rangs si le nombre des sentinelles est de quatre et au-dessus, se place à leur tête, portant l'arme en sous-officier, et les met en marche à une allure régulière. Il relève d'abord la sentinelle devant les armes et successivement les autres en commençant par les plus éloignées. Toutes, excepté la première, doivent le suivre jusqu'à son retour au poste.

A six pas de la sentinelle à relever, le caporal arrête ses hommes et leur fait porter les armes. La sentinelle se met également au port d'arme ; le caporal s'avance avec la nouvelle sentinelle, la place à gauche de l'ancienne, et commande : *A droite et à gauche, présentez les armes !* L'ancienne sentinelle donne la consigne, le caporal la rectifie, s'il y a lieu, et y ajoute les explications nécessaires. Il leur fait ensuite porter les armes et mettre l'arme au bras et fait reconnaître, par la nouvelle sentinelle, l'état de la guérite et de la capote de guérite. Il examine s'il n'a pas été mis dans la guérite ou à côté des pierres pour s'asseoir et si les fenêtres n'ont pas été bouchées.

La sentinelle relevée se place à la gauche du peloton, le caporal fait mettre l'arme au bras, commande : *En avant, marche !* et va relever les autres sentinelles. Il ramène au poste, dans le même ordre, les sentinelles relevées ; lorsque l'opération est terminée, il leur fait essuyer leurs armes, faire demi-tour à droite, présenter les armes et rompre les rangs. Il en rend compte au chef de poste.

ART. 23.

Sentinelles d'augmentation.

A l'heure prescrite par le Major général, le caporal prend les ordres du chef de poste pour placer dans les lieux indiqués les sentinelles de nuit. Il les informe de ce qu'elles ont à faire et les retire à l'ouverture des portes.

CHAPITRE III.

DEVOIRS DES SENTINELLES.

ART. 24.

Devoirs généraux.

Les sentinelles ont toujours le sabre-baïonnette au canon, elles peuvent mettre l'arme au bras, porter l'arme à volonté, ou avoir l'arme au pied ; elles ne doivent jamais la quitter, même dans la guérite ; lorsqu'elles sont dans le cas de se mettre en défense, elles croisent la baïonnette. Elles doivent toujours garder une attitude militaire. Il leur est défendu de s'asseoir, de lire, de siffler, chanter ou fumer, de parler à qui que ce soit sans nécessité et de s'écarter de leur guérite à plus de trente pas. Elles ne souffrent pas qu'il soit fait des ordures ou des dégradations aux environs de leur poste. Les sentinelles placées dans l'Arsenal empêchent, en outre, de faire du feu ailleurs que dans les pigouillères ou fourneaux destinés à chauffer le brai, ou dans les endroits indiqués par les chefs de détail. Elles empêchent aussi de fumer ; l'usage des allumettes chimiques est prohibé d'une manière absolue dans l'Arsenal.

Elles ne se laissent relever que par les caporaux du poste ; elles ne répètent leur consigne et n'en reçoivent de nouvelle qu'en présence du chef de poste, du sergent ou des caporaux.

Elles sont constamment attentives et observent du plus loin qu'elles peuvent tout ce qui se passe en vue de leur poste ; à cet effet, elles ne restent dans leurs guérites que pendant le mauvais temps. Elles en sortent toutes les fois qu'elles voient venir un officier général, l'officier de visite des postes, une troupe, quelle qu'elle soit, des autorités en corps, ou lorsqu'elles entendent du bruit.

Si, pendant la nuit, le mauvais temps les force à se retirer dans leurs guérites, elles en sortent lorsqu'elles entendent qui que ce soit approcher d'elles.

Enfin, les sentinelles posées dans l'intérieur de l'Arsenal crient toutes les demi-heures, depuis le coup de canon de retraite jusqu'à celui de diane : *Sentinelle, prenez garde à vous !* et piquent l'heure, comme c'est l'usage à bord, si elles sont placées près d'une cloche.

Art. 25.

Alertes des sentinelles.

Les sentinelles ont trois alertes : le feu, le bruit, les honneurs.

Lorsqu'une sentinelle aperçoit un incendie, elle crie : *Au feu !*

Lorsqu'elle entend du bruit, voit commettre un délit ou du désordre, lorsqu'un individu est poursuivi par la clameur publique, elle crie : *A la garde !* Les cris sont répétés de sentinelle en sentinelle jusqu'au poste. Le chef de poste envoie un sergent ou un caporal avec plusieurs soldats pour arrêter ceux qui troublent l'ordre, en se conformant aux prescriptions des articles 7, 8 et 9.

Pour rendre les honneurs, les sentinelles s'arrêtent, font face en tête et portent ou présentent les armes, lorsque le cortége ou la personne à qui ces honneurs sont dûs est arrivée à cinq pas d'elle. Elles restent en position jusqu'à ce qu'elles aient été dépassées de cinq pas. Les honneurs sont rendus conformément aux règles posées à l'article des *Honneurs*. (Art. 52 à 68).

Sentinelles devant les armes. Les sentinelles devant les armes crient : *Aux armes !* lorsqu'elles entendent battre la générale ou lorsqu'elles aperçoivent le Saint-Sacrement, une troupe armée, un officier général de la marine ou de l'armée de terre, le commandant de place, l'officier de visite des postes, toute personne ou tout corps constitué pour lequel la garde doit prendre les armes, conformément aux règles posées à l'article des *Honneurs*. (Art. 52 à 68).

Les sentinelles reconnaissent les patrouilles, rondes et troupes armées, d'après les règles prescrites par les articles 35, 36 et 37.

Si la garde doit sortir sans armes, elles crient : *Hors la garde !* La garde sort sans armes et se forme comme à l'ordinaire.

S'il arrive qu'une sentinelle ait besoin de se faire relever, elle crie : *Caporal, venez relever !*

Art. 26.

Sentinelles pendant la nuit. Pendant la nuit, et particulièrement dans les circonstances prévues par l'article 12, les sentinelles ne se laissent pas approcher.

A partir du coup de canon de retraite, elles crient : *Qui vive !* d'une voix forte, après avoir apprêté l'arme, à toutes personnes qui viennent à passer, et lorsqu'il leur a été répondu, elles crient : *Au large !* pour faire passer du côté opposé à celui qu'elles occupent ; si, après qu'elles ont crié trois fois : *Qui vive !* on continue à s'avancer sans leur répondre, elles crient : *Halte-là !* et avertissent en même temps qu'elles vont tirer. Si, malgré cet avertissement, on continue à s'avancer, elles font feu et appellent la garde.

Art. 27.

Les sentinelles placées devant les magasins à poudre ou devant les établissements dont la garde comporte une surveillance particulière, reçoivent toujours des consignes spéciales.

Sentinelles devant un magasin à poudre, sur le rempart, etc.

Il en est de même des sentinelles placées sur les remparts ; elles empêchent de monter sur les parapets, talus, banquettes, etc., et veillent à ce qu'il n'y soit fait aucune dégradation.

Les sentinelles placées sur le terre-plein des remparts rendent les honneurs en faisant face à la personne qui passe ; celles qui sont sur les parapets font face à la campagne.

Art. 28.

Les sentinelles aux portes de l'Arsenal veillent à ce que les voitures n'encombrent jamais le passage. Si une troupe, autre que celles qui font ordinairement le service du port, se présente, la sentinelle crie : *Halte-là! aux armes!* Le chef de poste ne doit laisser entrer que les troupes dont le passage lui a été annoncé par l'Etat-Major de la marine.

Sentinelles aux portes.

Art. 29.

Les sentinelles extérieures des gardes de police sont assujetties aux mêmes devoirs généraux que les sentinelles des postes de l'Arsenal ou de la place.

Sentinelles de garde de police.

Art. 30.

Tout militaire, quel que soit son grade, ou tout autre individu qui insulte ou frappe une sentinelle, doit être arrêté sur-le-champ et conduit à l'Etat-Major de la marine qui fait dresser une plainte et la transmet à l'autorité compétente.

Insulte envers une sentinelle.

Art. 31.

Toutes les prescriptions des articles précédents sont applicables au service des troupes à cheval, faisant le service à pied.

Postes de troupes à cheval.

CHAPITRE IV.

DU MOT ET DE LA RETRAITE.

ART. 32.

Du mot.

Le mot se compose du mot d'ordre et du mot de ralliement.

Il est donné par le Major-général qui l'a reçu par la voie hiérarchique.

A l'heure indiquée, le sous-aide-major de la marine se rend sur la place et fait sonner à l'ordre.

Les sous-officiers et caporaux des différents postes, qui se sont réunis à celui de la porte du Soleil, sont conduits en rang devant l'Etat-Major général, comme il a été dit à l'article 5, se forment en cercle et reçoivent le mot; ils vont ensuite le transmettre aux chefs de poste, ainsi que les ordres qui ont pu être donnés.

Les chefs de poste réunissent les sous-officiers et caporaux de leur garde et leur donnent le mot.

ART. 33.

De la retraite.

La retraite est battue en toute saison au coup de canon.

Le chef de poste de la porte du Soleil la fait sonner dix minutes auparavant, sur la place La Gallissonnière, pour avertir les hommes qui doivent coucher dans l'Arsenal que la grille va fermer.

CHAPITRE V.

DES PATROUILLES, DES RONDES, ET DE LA VISITE DES POSTES.

ART. 34.

Patrouilles en ville.

Les patrouilles de la marine, ne se faisant qu'accidentellement en ville et principalement en vue de la police militaire, les chefs de patrouille reçoivent des ordres particuliers. Si cependant ils sont appelés à rétablir l'ordre sur la demande d'un commissaire de police ou même d'habitants requérant leurs secours, ils se conforment à ce qui est dit article 7.

Patrouilles dans l'Arsenal.

Afin de veiller à ce qui se passe dans l'intérieur du port et particulièrement dans les moments où les ouvriers ne travaillent pas, chaque poste de l'Arsenal, un quart d'heure avant le coup de canon de diane, envoie tous les jours, au poste de la porte du Soleil, un militaire de garde. Tous ces militaires réunis forment une patrouille qui, sous la direction d'un sergent, commence sa tournée dès que le coup de canon est tiré ; il en est de même dans l'intervalle compris entre la débauchée des ouvriers et le coup de canon de retraite.

Pour l'exécution de ces dernières dispositions, chaque poste envoie à la porte du Soleil, un peu à l'avance, le militaire qu'il doit fournir. Ces hommes rejoignent leurs postes respectifs lorsque la patrouille a terminé sa tournée. Toutefois, ils ne peuvent se séparer que lorsque le sergent a rendu compte à l'officier commandant les postes.

Le sergent du poste de la porte du Soleil est chargé de commander cette patrouille, excepté les dimanches et jours de fête où elle est conduite par le caporal.

Les dimanches et jours où l'on ne travaille pas, une patrouille, composée ainsi qu'il est expliqué ci-dessus, fait deux tournées dans l'Arsenal : une, le matin ; l'autre, le soir. La tournée du matin commence au coup de canon de diane ; celle du soir à trois heures. Les postes se règlent sur ces données au sujet des militaires que chacun doit envoyer à la porte du Soleil.

Ces patrouilles circulent dans toute l'étendue de l'Arsenal et s'assurent que rien ne s'y passe contre le bon ordre, que personne ne cherche à détourner, cacher ou emporter des objets appartenant à l'Etat. S'il s'y trouve des étrangers ou des gens sans aveu, ils sont arrêtés et conduits au poste le plus voisin. Le chef du poste en rend compte sur-le-champ à l'officier commandant les postes qui fait immédiatement prévenir le Major-général.

Les différentes parties de l'Arsenal que les patrouilles sont particulièrement chargées de visiter sont indiquées ci-après :

Elles passent d'abord entre le bassin et la grande cayenne en se dirigeant vers la cour des corderies où elles entrent ; de là, elles vont visiter la cour de l'artillerie ; elles en sortent pour se rendre à la porte du Nord, se dirigent ensuite du côté de la rivière, la côtoient jusque près du bassin, passent sur le bateau-porte de ce dernier, reprennent le bord de la rivière. De là, elles se dirigent vers les ateliers des grosses œuvres et de la sculpture, font le tour de la mâture, de la tonnellerie, ainsi que des hangars et de la poudrière, et reviennent en passant devant le magasin général, longeant le bord de la rivière ; elles rejoignent enfin le poste de la porte du Soleil en étendant, le mieux qu'il leur est possible, leur surveillance sur tous les endroits à portée desquels elles passent.

Si dans les tournées qu'elles font dans le Port, le dimanche et les jours où on ne travaille pas, ces patrouilles aperçoivent des ateliers ouverts, le chef envoie immédiatement un de ses hommes prévenir l'officier commandant les postes, ce dernier en informe aussitôt le Major-général qui donne des ordres pour les faire fermer.

ART. 35.

Manière de reconnaître une patrouille.

Lorsque la sentinelle placée devant les armes aperçoit une troupe armée, elle apprête son arme et crie : *Qui vive!* et lorsqu'il lui a été répondu : *Patrouille!* elle crie : *Halte-là! Caporal, patrouille!* Un des caporaux ou brigadiers de garde sort, accompagné de deux hommes armés et d'un troisième portant un falot, il s'avance à quinze pas, laisse à quatre pas derrière lui son escorte à laquelle il a fait apprêter les armes.

Il crie : *Qui vive!* La patrouille ayant répondu, il crie : *Avance à l'ordre!* et croise la baïonnette. Le chef de la patrouille s'avance seul, les hommes qui l'accompagnent restant où ils ont été arrêtés par la sentinelle, il donne le mot d'ordre au caporal ou brigadier qui lui rend le mot de ralliement et qui se met en bataille avec son escorte pour le laisser passer ; la sentinelle porte les armes.

Le caporal ou brigadier et les hommes qui doivent l'accompagner pour la reconnaissance des patrouilles et des rondes sont désignés à l'avance et se tiennent toujours prêts.

Si le mot d'ordre n'est pas celui qui a été donné, le caporal ou brigadier appelle la garde et conduit le chef de patrouille à l'officier commandant les postes ; celui-ci l'examine, et s'il lui paraît suspect, il le fait arrêter ainsi que les hommes qui l'accompagnent.

Il en fait prévenir immédiatement le Major-général. Si la patrouille ne s'arrête pas au cri : *Halte-là!* la sentinelle le renouvelle une seconde fois, et si la patrouille continue à s'approcher, elle crie : *Aux armes!* et croise la baïonnette ; le poste sort et se met en défense.

Les sentinelles qui ne sont pas devant les armes arrêtent également les patrouilles par le cri : *Qui vive!* après avoir apprêté l'arme. La réponse reçue, elles crient : *Halte-là! avance au ralliement!* et croisent en même temps la baïonnette.

Elles reçoivent le mot de ralliement du chef de la patrouille qui doit s'avancer seul, et ne le donnent jamais.

Les chefs de patrouille entrent seuls au poste pour apposer leur signature sur la feuille du rapport. Ils y indiquent l'heure de leur passage au poste et le nom du poste auxquels ils appartiennent.

Art. 36.

Lorsque deux patrouilles se rencontrent, celle qui la première aperçoit l'autre crie : *Qui vive!* et s'arrête ; l'autre répond et s'arrête aussi ; la première crie : *Avance à l'ordre!* les chefs des deux patrouilles s'avancent seuls l'un vers l'autre ; celui qui a le premier crié : *Qui vive!* reçoit de l'autre le mot d'ordre, quel que soit son grade, et lui donne le mot de ralliement. Les patrouilles se remettent en marche, et, en passant l'une auprès de l'autre, elles se portent les armes.

Rencontre de deux patrouilles.

ART. 37.

Troupe armée passant la nuit à portée d'un poste.

Lorsque pendant la nuit, une troupe passe à portée d'un poste, la sentinelle crie : *Qui vive!* le chef de la troupe répond en faisant connaître le corps auquel il appartient ; la sentinelle crie : *Halte-là! aux armes! troupes.* Le chef de poste fait prendre les armes à la garde et envoie un caporal et deux hommes pour reconnaître la troupe ; le caporal fait avancer à l'ordre, en se conformant pour le placement de son escorte aux dispositions de l'article 35, et lorsque le chef de la troupe lui a donné le mot, il le conduit au chef de poste qui l'examine ; la troupe et la garde ont les armes portées.

Les sentinelles qui ne sont pas devant les armes arrêtent de même toute troupe passant à portée d'elles et font avancer son chef au ralliement.

Toutes les fois qu'une troupe sort des casernes pendant la nuit, l'officier qui la commande reçoit, par les soins du chef de corps, les mots d'ordre et de ralliement ; la troupe marche sans bruit de caisse, de clairon, ou de trompette.

ART. 38.

Service des rondes.

Le Major-général règle le nombre et l'espèce des rondes ; il détermine les heures auxquelles elles doivent être faites, les postes d'où elles partent et ceux qu'elles ont à visiter.

Lorsque le petit nombre des officiers des compagnies présentes, rend le service des rondes trop pénible, les officiers pourvus d'emplois spéciaux peuvent être appelés à concourir avec eux pour ce service.

ART. 39.

Différentes espèces de rondes.

Il y a quatre espèces de rondes :

1° *Ronde simple*, de capitaine, lieutenant, sous-lieutenant, ou sous-officier ;

2° *Ronde-major*, de l'aide-major, sous-aide-major de la marine, ou d'officier supérieur ;

3° *Ronde du Major de la marine* ;

4° *Ronde du Major-général.*

Les officiers de ronde, s'ils appartiennent à un corps organisé, reçoivent le mot de l'adjudant - major de semaine, et dans le cas contraire, de la Majorité-générale. Les sous-officiers de ronde le reçoivent de leurs chefs de poste. Les officiers font porter devant eux par un soldat un fanal allumé. Les sous-officiers le portent eux-mêmes et sont tenus de le rendre, leur ronde terminée. Les postes d'où partent les rondes sont pourvus de deux fanaux, afin qu'il en reste toujours un au poste.

Les officiers supérieurs, commandés pour le service de ronde, peuvent le faire à cheval.

Le Major-général se fait escorter par un caporal et quatre soldats ; un soldat porte le fanal.

Les officiers supérieurs sont accompagnés par deux soldats ; un troisième porte le fanal. Ils reçoivent de l'État-Major de la marine une instruction indiquant le but de leur ronde.

ART. 40.

Devoirs des officiers et des sous-officiers de ronde.

Les officiers et sous-officiers de ronde suivent l'itinéraire qui leur est tracé ; ils sont attentifs au feu, aux voleurs, et inspectent les sentinelles. Ils examinent si elles sont toutes à leurs postes et si elles remplissent leurs devoirs ; ils avertissent les chefs de poste des fautes ou des négligences qu'ils ont remarquées.

S'ils découvrent des faits contraires au bon ordre, ils en préviennent le chef de poste le plus voisin pour qu'il y pourvoie, et en font mention dans leurs rapports à la Majorité-générale. Si ce qu'ils découvrent intéresse la sûreté de l'Arsenal, ils informent sur-le-champ le poste voisin et vont en rendre compte au Major-général. Les officiers et sous-officiers de ronde sont tenus de signer le registre placé dans les postes et d'y déposer les marrons qu'ils ont reçus de la Majorité-générale. Les officiers de ronde sont informés des personnes arrêtées depuis le coup de canon de retraite ; ils peuvent les faire sortir de l'Arsenal et en rendent compte le lendemain au rapport.

Art. 41.

Manière de reconnaître les différentes rondes.

Lorsque la sentinelle placée devant les armes a crié : *Qui vive!* et qu'il lui a été répondu : *Ronde officier* ou *ronde sous-officier*, elle crie : *Halte-là! Caporal, ronde d'officier* ou *ronde sous-officier*. Un caporal de la garde sort, accompagné de deux hommes armés et d'un troisième portant le fanal ; il se porte à quinze pas en avant, plaçant son escorte comme il a été dit à l'article 35, et crie : *Qui vive!* La ronde ayant répondu, il crie : *Avance à l'ordre!* et croise la baïonnette. L'officier, quel que soit son grade, ou le sous-officier de ronde, lui donne le mot d'ordre, le caporal lui rend le mot de ralliement et se met en bataille avec son escorte pour le laisser passer ; la sentinelle porte les armes. Si le mot d'ordre n'est pas celui donné par l'État-Major, le caporal conduit l'officier ou le sous-officier au chef de poste qui l'examine et le fait arrêter s'il y a lieu.

Si une ronde d'officier est faite par un sous-officier, il en est fait mention au rapport.

S'il est répondu à la sentinelle : *Ronde major*, elle crie : *Halte-là! Aux armes, ronde major!* La garde prend les armes sur-le-champ ; le chef de poste, après l'avoir formée et lui avoir fait porter les armes, se porte à quinze pas en avant, accompagné par un soldat portant le fanal et suivi par un caporal et deux hommes armés qui se tiennent à quatre pas derrière lui, les armes apprêtées, et qui, la ronde reconnue, vont reprendre leur rang. Le chef de poste crie de nouveau : *Qui vive !* et sur la réponse : *Ronde major !* il crie : *Avance à l'ordre.* L'officier major ou supérieur de ronde s'avance seul et donne le mot d'ordre ; le chef de poste, le sabre à la main, lui rend le mot de ralliement ; il lui présente la garde et lui fait son rapport. La sentinelle porte les armes.

Si la ronde major est faite par un officier du même grade que le chef de poste, ce dernier ne lui présente la garde qu'autant qu'il est moins ancien de grade.

La ronde du Major-général s'annonce : *Ronde d'officier-général*, ou *ronde du Major-général;* elle est reconnue et reçue de la même manière que la ronde major;

la garde est au port d'armes ainsi que la sentinelle. Toutes les fois qu'une garde sort la nuit pour reconnaître une ronde, quelle que soit son espèce, elle porte les armes ainsi que la sentinelle et se tient sur la défensive.

ART. 42.

Rencontre de deux rondes ou patrouilles.

Lorsque deux rondes ou une ronde et une patrouille se rencontrent, celle qui la première aperçoit l'autre crie : *Qui vive!* et s'arrête ; celle-ci répond : *Ronde*, ou *patrouille!* en désignant de quelle espèce et s'arrête aussi ; la première s'annonce à son tour, et, lorsqu'elles sont à la même hauteur, celle qui la première a crié : *Qui vive!* reçoit le mot d'ordre et rend le mot de ralliement, de quelque espèce qu'elle soit.

ART. 43.

Visite des postes.

Officier supérieur de jour.

Un officier supérieur est habituellement commandé pour la visite des postes pendant le jour.

Les colonels, les lieutenants-colonels, les chefs de bataillon, les majors et tous les grades équivalents de la marine concourent ensemble à ce service.

Le Major de la marine, l'aide-major et les sous-aides-majors peuvent faire également la visite des postes.

Le Major de la marine désigne l'officier supérieur de jour au rapport, et lui adresse l'instruction spéciale donnée par le Major-général.

A défaut d'officiers supérieurs, les capitaines et les lieutenants de vaisseau peuvent être employés à la visite des postes.

ART. 44.

Manière de reconnaître l'officier supérieur de jour.

Dès que la sentinelle devant les armes aperçoit l'officier supérieur désigné pour faire la visite des postes, lequel doit toujours être revêtu de l'insigne du service, elle crie : *Aux armes!* la garde se forme promptement ; le chef de poste la fait reposer sur les armes ; la sentinelle présente les armes.

L'officier supérieur de visite en passe l'inspection ; il s'assure qu'il ne manque personne, et que les armes sont en bon état, que chacun connaît ses devoirs et les remplit avec exactitude, il reçoit le rapport verbal du chef de poste, s'assure que les sentinelles sont placées comme elles doivent l'être, et leur fait répéter leur consigne en présence du chef de poste.

Il peut encore être chargé de visiter les prisons et les hôpitaux militaires ; dans ce cas il reçoit une instruction spéciale.

CHAPITRE VI.

DISPOSITIONS GÉNÉRALES.

Art. 45.

Dispositions générales.

Les officiers commandés pour faire les rondes, la visite des postes, celle des hôpitaux et des prisons, ne sont dispensés des devoirs du service ordinaire qu'autant que ces devoirs ne peuvent se concilier avec ceux du service de place.

Art. 46.

Mesures à prendre dans les postes dans le cas où le feu se manifesterait dans un tuyau de poêle ou dans une cheminée.

Si le feu prend dans un tuyau de poêle, on enlève de suite le bois et la braise de ce poêle et l'on ferme hermétiquement les ouvertures; si cela ne suffit pas, on démonte le tuyau avec soin, afin d'éviter la communication du feu à l'intérieur du poste ; si ce tuyau passe dans une cheminée, on bouche de suite, avec de la terre grasse ou par tout autre moyen, le trou par lequel il communique.

Pour allumer le feu on se sert de menus copeaux de chêne.

Il est défendu de se servir de ripes de sapin, et de jeter au feu tout autre objet inflammable ; on ne bourre jamais le poêle de bois et on tient la main à ce que les tuyaux ne soient jamais rouges. Si le feu prend dans une cheminée, on ne la bouche jamais par l'extrémité supérieure.

Quand on éteint le feu d'un poêle ou d'une cheminée, il est prescrit au chef de poste, à défaut d'étouffoir, de noyer les cendres dans un seau d'eau.

Le Major-général recommande expressément aux chefs de poste de veiller à ce que les militaires sous leurs ordres n'entassent pas du bois dans le poêle du poste, afin d'empêcher le tuyau de s'engorger et d'éviter les événements fâcheux qui peuvent en résulter et qu'il met du reste sous leur responsabilité.

Ils veillent à ce que les soldats ne fument jamais ailleurs que dans l'intérieur du poste.

CHAPITRE VII.

ÉCLAIRAGE DE L'ARSENAL.

ART. 47.

Devoirs de l'agent de l'entrepreneur.

Un agent de l'entrepreneur de l'éclairage du port couche chaque nuit dans le poste des portiers de service à la porte du Soleil, afin de pouvoir, lorsque les rondes rendent compte de l'extinction ou du mauvais éclairage des reverbères, en reconnaître la cause et y remédier aussitôt.

ART. 48.

Surveillance de l'éclairage par les rondes.

Toutes les rondes des différents postes et les caporaux de pose remarquent les reverbères qui sont éteints ou qui éclairent mal, et en rendent compte de suite à l'officier commandant les postes ainsi qu'à leurs chefs de poste.

ART. 49.

Mention sur le cahier de rapport de l'état de l'éclairage pendant la nuit.

Chaque matin, il est écrit sur le cahier de rapport s'il y a eu des reverbères éteints ou éclairant mal, en les désignant par leurs numéros, comme aussi l'heure à laquelle ils se sont éteints, ce qui en a été la cause, et l'heure à laquelle ils ont été rallumés. Lorsque l'état de l'éclairage ne donne lieu à aucune plainte, le cahier de rapport doit porter : *Rien de nouveau la nuit dernière pour l'éclairage.*

CHAPITRE VIII.

RONDES DES FEUX.

ART. 50.

Elles s'assurent de l'extinction exacte des feux.

Des rondes spéciales d'officiers et d'employés préposés à la surveillance de l'extinction exacte des feux sont faites chaque jour, et parcourent le port et ses dépendances. Elles doivent circuler librement en donnant seulement le mot de ralliement à toutes les sentinelles devant lesquelles elles passent.

ART. 51.

Entrée et sortie des rondes des feux.

Ces rondes sont introduites dans l'Arsenal par l'officier faisant la ronde-major. A leur entrée, les chefs de ronde doivent inscrire sur un cahier déposé dans la chambre de l'officier commandant les postes, qui est chargé de veiller à la stricte exécution de cet ordre, le nombre des personnes qui les accompagnent, leurs grades, et signer. Ces mêmes chefs de ronde, à leur sortie, inscrivent sur le cahier l'heure de la sortie, le nombre des personnes qui les accompagnent et signent de nouveau. Le cahier est chaque jour envoyé à la Majorité-générale avec le rapport.

MODÈLE DU CAHIER.

ENTRÉE.			SORTIE.		
Nombre de personnes qui accompagnent le chef de ronde.	Grade du chef.	Signature du chef.	Heure de la journée.	Nombre de personnes qui accompagnent le chef de ronde.	Signature du chef.

CHAPITRE IX.

HONNEURS A RENDRE PAR LES POSTES, GARDES ET PIQUETS.

Art. 52.

Saint-Sacrement

La garde prend les armes, se forme en bataille, présente les armes ; les tambours ou clairons battent ou sonnent aux champs ; les trompettes sonnent la marche ; les officiers saluent du sabre ou de l'épée, les hommes dans le rang mettent à terre le genou droit et portent la main droite à la coiffure quand le Saint-Sacrement passe à la vue d'un poste. Il est fourni, du premier poste devant lequel passe le Saint-Sacrement, deux soldats pour son escorte ; ils marchent l'arme dans le bras droit et sont relevés de poste en poste.

Art. 53.

Leurs Majestés ; le Prince Impérial.

La garde prend les armes, se forme en bataille, présente les armes, les tambours ou clairons battent ou sonnent aux champs, les trompettes sonnent la marche, les officiers saluent du sabre ou de l'épée, quand Leurs Majestés, le Prince Impérial, passent devant ce poste.

Art. 54.

Princes, Ministres, etc.

La garde prend les armes, se forme en bataille, porte les armes, les tambours ou clairons battent ou sonnent aux champs, les trompettes sonnent la marche, pour les Princes français, les Ministres, les Maréchaux, Amiraux et une troupe armée.

Art. 55.

Cardinaux, Vice-Amiraux, etc.

La garde prend les armes, se forme en bataille, porte les armes, les tambours ou clairons et trompettes sonnent le rappel, pour les Cardinaux, Généraux de division, Vice-Amiraux, Préfets maritimes, Archevêques et Évêques.

ART. 56.

Généraux de brigade et Contre-Amiraux

La garde prend les armes, se forme en bataille, porte les armes, les tambours, clairons ou trompettes sont prêts à battre ou à sonner, pour les Généraux de brigade et Contre-Amiraux.

ART. 57.

Majors-généraux, Commandants de place, etc.

La garde prend les armes, se forme en bataille, l'arme au pied, les tambours, clairons ou trompettes sont prêts à battre ou à sonner pour les Majors-généraux qui ne sont pas Contre-Amiraux, les Commandants de place, les Cours d'Assises, les Tribunaux de 1re instance, les Tribunaux de Commerce, les Corps municipaux.

ART. 58.

Préfets des départements.

La garde prend les armes, porte les armes, les tambours, clairons ou trompettes sont prêts à battre ou à sonner, pour le Préfet, en costume officiel, lors de son entrée en fonctions, de ses tournées dans les villes du département, et lorsqu'il se rend avec son escorte à une cérémonie publique.

ART. 59.

Gardes de police.

La garde de police sort sans armes et se forme en bataille quand le chef de corps passe devant elle ; elle prend les armes et rend les honneurs quand un officier général se présente pour visiter le quartier.

ART. 60.

Piquets.

Les piquets ou postes réunis accidentellement pour un service spécial, se conforment, pour les honneurs à rendre, aux dispositions ci-dessus.

ART. 61.

Gardes d'honneur.

Les gardes d'honneur ne rendent d'honneurs qu'au Saint-Sacrement, à la personne auprès de laquelle elles sont placées, à celles qui lui sont supérieures ou égales en rang, au Major-général de la marine et au Commandant de place.

ART. 62.

Troupes en armes.

Lorsqu'une troupe en armes passe devant un poste, la garde sort, se forme en bataille et porte les armes, les tambours ou clairons battent ou sonnent aux champs, les trompettes sonnent la marche.

CHAPITRE X.

HONNEURS A RENDRE PAR LES SENTINELLES, PLANTONS, ETC.

ART. 63.

Position des sentinelles pour rendre les honneurs.

Les sentinelles s'arrêtent et font face en tête pour rendre les honneurs, dès que le corps ou la personne à qui ils sont dûs est arrivée à cinq pas d'elles. Elles restent dans cette position jusqu'à ce qu'elles aient été dépassées.

ART. 64.

Présentation des armes.

Elles présentent les armes :

Au Saint-Sacrement,
A Leurs Majestés,
Au Prince Impérial,
Aux Princes français,
Aux Ministres,
Aux Sénateurs,
Aux Députés au Corps législatif,
Aux Conseillers d'Etat,
Aux Cardinaux, Archevêques et Evêques,
Aux Maréchaux et Amiraux,
Aux Grands-Croix
Aux Grands-Officiers } de la Légion d'Honneur,
Aux Commandeurs
Aux Préfets maritimes,
Aux Officiers-généraux et supérieurs.

Aux Intendants-généraux, Inspecteurs, Intendants et Sous-Intendants militaires,

Aux Préfets,

Aux Inspecteurs-généraux, Directeurs, Ingénieurs en chef, Ingénieurs des constructions navales et Ingénieurs hydrographes de la marine,

Aux Commissaires-généraux, Commissaires, Commissaires-adjoints, Inspecteurs en chef, Inspecteurs-adjoints des services de la marine,

Aux Médecins et Pharmaciens inspecteurs et principaux de l'armée,

A l'Inspecteur général,

Aux Directeurs du service de santé,

Aux Officiers de santé en chef, Professeurs du service de santé et Chirurgiens principaux de la marine,

Aux Examinateurs de l'École navale et des Écoles d'hydrographie,

A l'Aumônier en chef de la marine,

Et aux Aumôniers-supérieurs de la marine.

ART. 65.

Elles portent les armes :

Port des armes.

Aux Officiers et Chevaliers de la Légion-d'Honneur,

Aux Capitaines, Lieutenants et Sous-lieutenants,

Aux Lieutenants de vaisseau, Enseignes et Aspirants de 1re classe de la marine,

Aux Adjoints de l'intendance militaire,

Aux Sous-Ingénieurs de la marine (des constructions navales et d'hydrographie),

Aux Sous-Commissaires et Aides-Commissaires de la marine,

Aux Ingénieurs des travaux hydrauliques de la marine,

Aux Médecins et Pharmaciens-majors et Aides-majors de l'armée,

Aux Chirurgiens, Pharmaciens de 1re classe et de 2e classe de la marine,

Aux Mécaniciens en chef et principaux de 1re classe et de 2e classe de la marine,

Aux Officiers d'administration de l'armée.

Aux Agents principaux des directions des travaux et des services administratifs de la marine,
Aux Professeurs de l'École navale et des Écoles d'hydrographie,
Aux Vétérinaires de l'armée,
Aux Aumôniers de l'armée et de la marine,
Aux Trésoriers des Invalides de la marine,
Aux Interprètes principaux.

ART. 66.

Les sentinelles gardent l'immobilité, la main dans le rang, l'arme au bras ou au pied :

Pour les Officiers de tout grade en tenue du matin (armée de terre), — Immobilité sous les armes.
Les Officiers de tout grade sans épaulettes ou broderies (armée de mer),
Les Adjudants d'administration,
Les Chefs de musique,
Les Interprètes,
Les Gardes et autres Employés de la marine,
Les Aspirants de 2e classe de la marine,
Pour les Sous-Officiers des armées de terre et de mer,
Les Caporaux
Les Brigadiers
Les Quartiers-Maîtres de la marine
Les Soldats ou Marins

} décorés de la médaille militaire.

ART. 67.

En passant près des officiers de tout grade, les sous-officiers, caporaux et soldats de planton ou envoyés en ordonnance portent l'arme dans le bras sans s'arrêter. — Plantons et ordonnances.

ART. 68.

Les honneurs militaires ne se rendent que du lever au coucher du soleil. — Les honneurs sont rendus du lever au coucher du soleil.

TITRE II.

CONSIGNES PARTICULIÈRES

DES

POSTES MILITAIRES

CHAPITRE Ier.

POSTE DE LA PORTE DU SOLEIL.

DE L'OFFICIER DE GARDE.

ARTICLE 1er.

L'officier de garde de la porte du Soleil commande tous les postes de l'Arsenal ; il est chargé de veiller au maintien de l'ordre et de la sûreté de l'Arsenal ; il peut faire fermer et ouvrir la porte du Soleil de jour et de nuit, lorsqu'il le croit nécessaire, mais il doit en rendre compte au Major-général en lui en faisant connaître les motifs. Le gardien de service à la porte est sous ses ordres immédiats pour l'opération d'ouvrir et de fermer la porte.

Lorsque la ronde-major ou la ronde-supérieure se présente pour entrer, il reçoit lui-même le mot d'ordre, fait ouvrir la grille et répond par le mot de ralliement, après que le chef de la ronde est entré.

ART. 2.

En cas d'alarme ou d'incendie dans le Port, l'officier

commandant les postes fait immédiatement battre la générale dans tout l'Arsenal et se dispose à faire tirer deux coups de canon par la batterie de l'Amiral, aussitôt qu'il en recevra l'ordre.

Il fait prévenir, en même temps, le Préfet maritime et le Major-général du sujet de l'alarme, et informe du moindre danger l'officier de service à la direction des mouvements du Port ; enfin, il s'entend avec ce dernier pour porter les premiers secours et donner les ordres convenables.

Dès que la générale se fait entendre au poste de la porte du Soleil, la cloche de la tour des signaux est sonnée en branle ainsi que celles de tous les postes pendant la première demi-heure ; celles de la tour et des deux postes les plus voisins du lieu de l'incendie continuent à tinter jusqu'à ce que le feu soit éteint.

Dans ces circonstances, l'officier commandant les postes fait surveiller les personnes qui cherchent à sortir précipitamment du Port. Elles sont arrêtées à moins qu'elles ne soient très-connues. Dans ce dernier cas, il fait prendre par le portier leurs noms et qualités et l'heure à laquelle elles se sont présentées pour sortir.

Art. 3.

Avec la garde de la porte et le renfort qu'il recevra, il empêche le désordre et envoie des patrouilles dans l'Arsenal jusqu'à l'arrivée du capitaine de frégate désigné pour prendre le commandement du poste.

Art. 4.

Dans le même cas d'alarme ou d'incendie, soit en ville, soit dans le Port, et à moins que les besoins ne soient extrêmement pressants, la porte reste fermée jusqu'à ce qu'un officier-major de la marine, ou un des officiers de la direction des mouvements du Port se présente pour faire entrer les personnes dont les secours seraient nécessaires.

Dans aucun cas d'alarme ou d'incendie, l'officier commandant les postes ne peut faire sortir de l'Arsenal des troupes appartenant à des postes intérieurs, sans un ordre de la Majorité-générale.

Art. 5.

Il tient la main à ce que chaque sentinelle de nuit ait dans sa giberne deux cartouches pour s'en servir au besoin.

Art. 6.

Chaque matin, il adresse un rapport au Major-général de tout ce qui s'est passé dans le Port pendant la nuit. Ce rapport est écrit sur le cahier du poste de la porte du Soleil, à moins qu'il ne s'agisse d'événements extraordinaires tels qu'incendie, insurrections et autres circonstances imprévues. Dans ce cas, le rapport est fait au Major-général sur une feuille volante, sauf à l'inscrire plus tard sur le cahier du poste, s'il y a lieu.

Art. 7.

Il veille et fait veiller à ce que les gardiens de l'Amiral aillent prendre les vivres des prisonniers qui doivent être nourris par la cavenne du Port, et a soin de s'assurer que ceux des prisonniers dont les familles doivent pourvoir à la nourriture reçoivent ce qui leur est nécessaire. A cet effet le gardien de l'Amiral prévient les dites familles aussitôt l'arrivée des prisonniers.

Art. 8.

Il fait monter les détenus sur le pont pour prendre leurs repas : une heure le matin, de 11 heures à midi, et une heure l'après-midi, de 5 heures à 6 heures en été, de 3 heures à 4 heures en hiver.

Afin d'éviter les évasions, il fait placer une sentinelle à bord.

Lorsque le chef de poste de l'Amiral est officier, il est chargé de l'exécution de cet article et du précédent.

Art. 9.

Le sergent du poste de la porte du Soleil remet à l'officier commandant les postes le mot d'ordre cacheté. Après en avoir pris connaissance, cet officier fait une visite des postes de l'Arsenal afin de s'assurer que les sous-officiers ont bien rapporté les mots d'ordre et de ralliement. Dans le cas où quelques-uns les auraient dénaturés, il les rectifie.

Dans le cours de cette visite, il s'assure que les sous-officiers et soldats sont tous à leurs postes et que toutes les consignes sont strictement observées. Il doit être de retour à son poste à temps pour assister à la débauchée des ouvriers.

ART. 10.

Il est prévenu par la Majorité-générale dans les cas suivants :

Lorsque les travaux de l'Arsenal sont continués après le coup de canon de retraite ;

Lorsqu'on doit travailler dans le Port les dimanches et autres jours fériés ;

Lorsqu'une troupe armée, autre que celle de la marine, doit entrer dans l'Arsenal ;

Lorsqu'un bâtiment doit traverser le Port après le coup de canon de retraite, et alors il en donne avis aux postes de l'avant-garde et de l'arrière-garde, qui en préviennent les sentinelles placées sur le bord de la rivière ;

Enfin, lorsque la gendarmerie doit faire un service de nuit dans l'Arsenal, et, dans ce cas, il donne les mots d'ordre et de ralliement au brigadier commandant le détachement et fait prévenir tous les postes intérieurs.

ART. 11.

Il est prévenu que les clefs des magasins sont déposées dans sa chambre et enfermées dans un coffre fermant à clef. La clef du dépôt général des clefs des bureaux et ateliers qui sont nécessaires à l'officier pour faire ses rondes, celle de la grille de l'Arsenal pendant la nuit, et le jour, lorsqu'il juge nécessaire de la faire fermer, sont aussi mises en dépôt dans sa chambre. Chaque directeur a deux agents spéciaux chargés de prendre : l'un, les clefs des portes principales des bureaux et ateliers ; l'autre, celles des magasins ; l'officier autorise ces deux personnes seulement à entrer pour déposer ou prendre ces clefs. Chacun de ces agents doit les prendre et les remettre toutes à la fois et les distribuer ou recevoir en dehors de la chambre de l'officier.

La distribution des clefs pour les rondes des feux est faite de la même manière; en outre, les chefs des rondes des feux ne doivent pas oublier que les cahiers déposés au poste de l'officier doivent mentionner l'heure de leur entrée et de leur sortie et être signés par eux.

La clef du dépôt général de celles des bureaux et ateliers est aussi retirée en échange d'un marron et remise à la débauchée.

Les clefs de la grille de l'Arsenal sont toujours déposées et retirées par le gardien de service à cette grille.

Toutes ces clefs sont retirées et reçues en présence du sous-officier de garde à la porte du Soleil et sous la responsabilité de l'officier commandant les postes.

Si les clefs dont il est parlé dans cet article, ne sont pas régulièrement remises à la chambre de service et dans les formes prescrites, il doit en rendre compte au Major-général.

Il ne délivre pas les clefs des magasins, ateliers et bureaux les jours non ouvrables, sans un ordre de la Majorité-générale.

Art. 12.

Il est spécialement chargé de veiller à ce que les coups de canon de retraite et de diane soient tirés aux heures fixées.

A cet effet, il envoie au poste de l'Amiral un sergent, muni d'un fanal, qui prévient le canonnier chargé de ce service un peu avant l'instant où le coup de canon doit partir, de manière à faire mettre le feu à la pièce aussitôt que l'horloge aura piqué l'heure.

Si, par suite d'un retard involontaire, l'heure sonne un peu avant le coup de canon, il ne laisse cependant fermer la porte qu'à ce signal, le coup de canon seul devant faire fermer la grille.

Art. 13.

Afin que, dans les rondes qu'il fait ou qu'il fait faire,

l'officier commandant les postes puisse s'assurer que les sentinelles fournies par les différents postes de l'Arsenal sont bien sur les points qu'elles doivent occuper, on a indiqué ci-après, à l'article 30, POSE DES SENTINELLES, la désignation des lieux où chacune d'elles doit faire faction. Il verra de même à l'article 29, RONDES, quelles sont celles que les différents postes doivent faire et les heures auxquelles elles doivent avoir lieu.

ART. 14.

Il doit toujours être présent à la débauchée des ouvriers; la garde se tient sous les armes, l'arme au pied et sur le pavé en avant du poste, pour veiller au maintien de l'ordre à la sortie des ouvriers et prêter en cas de besoin main-forte aux portiers et à la gendarmerie.

Cinq minutes avant le son de la cloche de sortie, il fait placer deux sentinelles à chaque guichet dans l'intérieur du Port pour obliger les ouvriers à se tenir en rang.

ART. 15.

Lorsque des sorties d'ouvriers ont lieu après le coup de canon, il fait placer deux sentinelles aux guichets intérieurs où se tiennent le gardien et le caporal porteur d'un fanal.

Les ouvriers, après y être passés, se placent en ordre du côté opposé à la troupe en attendant que la grille leur soit ouverte.

Lorsque le travail de la fosse aux mâts se prolonge après le coup de canon, les ouvriers sont accompagnés jusqu'à la porte du Soleil par le caporal de l'avant-garde; les contre-maîtres chargés de les conduire en donnent le nombre à l'officier de garde, qui observe pour les faire sortir les mêmes dispositions que ci-dessus.

Les listes fournies par la Majorité-générale pour la sortie des ouvriers n'étant pas toujours d'accord avec le nombre d'hommes présents sur les travaux, il accepte comme rectification les chiffres que lui donnent les agents qui les accompagnent, sauf à rendre compte de la différence au rapport.

ART. 16.

Il surveille et fait surveiller le dépôt des cartouches qui existe dans un local dépendant de son poste et dont la clef reste à la Majorité-générale, où le gardien préposé à l'entretien des postes la prend toutes les fois qu'il en a besoin.

ART. 17.

Il envoie, les dimanches et jours de fêtes, à la Majorité-générale, la note des ateliers qui ont été ouverts et dont les clefs ont été délivrées par l'homme chargé de cette délivrance.

ART. 18.

Il doit consigner, chaque jour, sur le rapport, les heures auxquelles ont eu lieu toutes les rondes et patrouilles faites pendant la nuit, sans en excepter aucune.

ART. 19.

Les consignes du poste de la porte du Soleil doivent rester dans la salle de service de l'officier. Il lui est recommandé de les tenir dans l'état le plus parfait de propreté.

ART. 20.

Lorsque des officiers des différents corps de la marine et les gardes montantes ou descendantes se présentent pour entrer ou sortir pendant la débauchée, le gardien doit leur ouvrir la grille du milieu.

ART. 21.

Outre le Préfet maritime et le Major-général, les chefs de service ci-après désignés peuvent entrer dans le Port et en sortir du coup de canon de retraite à celui de diane lorsqu'ils sont en uniforme, savoir :

Le Commissaire-général de la marine,

Le Directeur des constructions navales,

Le Directeur des mouvements du Port,

Le Directeur d'artillerie,

Le Directeur des travaux hydrauliques (muni de sa carte),

Le Major de la flotte,
L'Inspecteur en chef.

L'officier commandant les postes ne fait ouvrir la porte de l'Arsenal qu'après avoir reçu lui-même le mot d'ordre de ces chefs de service ; ensuite, il les fait accompagner, au lieu où le service les appelle, par un soldat armé et un caporal portant un fanal. Ils ont pour revenir une semblable escorte, fournie par le poste le plus voisin, et sont reconnus dans le Port par les postes, rondes, patrouilles et sentinelles en donnant le mot de ralliement.

Est excepté de cette mesure le Directeur des mouvements du Port, qui n'est accompagné que jusqu'à la Direction et qui, pour circuler dans l'enceinte de l'Arsenal, est accompagné d'un rondier de la Direction porteur d'un fanal.

ART. 22.

Il laisse entrer et sortir toutes les fois qu'il se présente en uniforme et nanti du mot d'ordre, à quelque heure que ce soit, l'officier chargé de l'observation des marées. Il peut également faire sortir les officiers qui se trouvent dans des canots ou chaloupes et que des raisons de service appellent en ville, sauf à en rendre compte le lendemain à la Majorité-générale.

ART. 23.

Il doit, en prenant la garde, faire lire par le sergent et le caporal du poste la partie de la consigne qui les concerne.

ART. 24.

Il laisse entrer dans l'Arsenal au coup de canon de diane, les contre-maîtres ou aides et les ouvriers chauffeurs des constructions navales, désignés en l'article 24 de la consigne des portiers, qui doivent allumer les fourneaux destinés à mettre en mouvement les forces motrices des ateliers. Il laisse entrer également les chauffeurs appartenant à la Direction d'artillerie.

ART. 25.

Il laisse sortir après le coup de canon de retraite

les gendarmes qui ont été retenus dans l'Arsenal par un service quelconque, ainsi que les officiers ou patrons qui, débarqués après le coup de canon, sont amenés par le caporal de l'avant-garde.

DES RONDES.

Art. 26.

Rondes.

Le commandant des postes fait sa ronde à l'heure indiquée par le Major-général; il parcourt toute l'étendue de l'Arsenal, visite les postes et sentinelles et ne revient à la salle de service qu'après un examen scrupuleux des lieux qui exigent le plus de surveillance.

Chaque fois qu'il y a une ronde supérieure, il ne fait la sienne qu'une heure après le passage de cette ronde.

Il reconnaît dans la ronde de nuit si les portes des ateliers et magasins sont en bon état et bien fermées; s'il n'a été commis aucune infraction, aucun désordre, et s'il n'y a rien qui puisse faire croire à l'existence d'un délit. En cas de contravention, cet officier prend immédiatement toutes les mesures nécessaires, et s'il y a lieu, il en rend compte de suite par écrit au Major-général.

Il consigne tous les jours sur le cahier de rapport le résultat de ses recherches au sujet de ce qui vient d'être dit.

Art. 27.

Le sergent, après avoir fait tirer le coup de canon de retraite, ainsi qu'il est dit à l'article 12, se rend à la porte du Nord pour en réclamer la clef. Après l'avoir reçue et avoir déposé son marron, il revient à son poste, escorté du caporal et de deux soldats du poste de la porte du Nord. Dans ce retour, il suit, depuis l'arrière-garde, le bâtiment de la corderie, examine si toutes les fenêtres sont bien fermées, écoute si on ne fait pas de bruit dedans et au dehors, voit s'il ne se passe rien d'extraordinaire du côté de la rivière, et revient à son poste où, à son arrivée, il remet la clef de la porte du Nord à l'officier de garde.

Art. 28.

Le caporal du poste fait, en toute saison, une ronde

à minuit. Partant, de son poste, il passe devant la Direction des mouvements du Port, visite les alentours des forges ; de là, il va devant les ateliers des étoupes, de l'avironnerie, de la sculpture, pour se rendre au dépôt des blessés. Il prend ensuite à droite, passe devant les bureaux des ingénieurs pour se rendre jusqu'au mur du magasin général qu'il suit directement, pour aller au chemin de ronde qui longe la rivière, jusqu'au chenal de la Cloche, passe le pont de la Cloche, rejoint le bord de la rivière en passant le long du canal, en visitant le parc au lest ; de là, il revient à la corderie qu'il suit jusqu'à la porte du Nord, où il dépose son marron, et retourne à son poste en longeant le bord de la rivière, et en visitant les ateliers de peinture et de la cayenne.

ART. 29.

Les différentes rondes que les autres postes de l'Arsenal doivent faire sont indiquées par le tableau ci-dessous :

POSTES.	CHEF de LA RONDE.	HEURE de LA RONDE.	LIEUX où se déposent LES MARRONS.
PORTE DU SOLEIL.	Sergent Caporal	après le coup de canon minuit	Arrière-Garde. Arrière-Garde.
REMPART.	Sergent Caporal	9 heures 1 heure	Avant-Garde. Parc.
AVANT-GARDE.	Sergent Caporal	4 heures 10 heures 30 minutes	Parc. Parc.
PARC.	Sergent Caporal Sergent	10 heures 2 heures 3 heures	Avant-Garde. Porte du Soleil. »
AMIRAL.	Sergent	1 heure	Arrière-Garde.
NOTA. Cette ronde ne se fait pas lorsque le chef de poste est un caporal.			
ARRIÈRE-GARDE. .	Sergent Caporal	11 heures. 3 heures.	Porte du Soleil. Porte du Soleil.

DES SENTINELLES.

Art. 30.

Sentinelles.

1° Il est posé une sentinelle de jour et de nuit devant les armes; elle a pour consigne de veiller au maintien de l'ordre, et d'empêcher tout sous-officier, caporal et soldat de service dans l'Arsenal et à la porte de franchir la grille sans l'autorisation de l'officier commandant les postes.

2° Il est posé une sentinelle également de jour et de nuit à côté de la porte Saint-Louis; elle doit empêcher toute communication avec l'extérieur et veiller à ce que rien ne soit passé par-dessus les murs, ni par le guichet ou autre ouverture de la porte. Cette porte ne s'ouvre que sur un ordre spécial de l'officier commandant les postes.

3° Une troisième sentinelle est placée le long du mur qui conduit à la rue Saint-Paul, depuis le coup de canon de diane jusqu'à celui de retraite, heure à laquelle elle est relevée pour rentrer dans l'Arsenal; elle a pour consigne d'empêcher de faire des ordures le long de ce mur et de prévenir si l'on cherchait à détériorer les arbres qui sont sur la place.

4° Une quatrième sentinelle de jour et de nuit est placée dans la cour du zingage; elle empêche toute communication avec l'extérieur et ne permet à qui que ce soit d'ouvrir la vanne qu'en présence d'un caporal.

5° Une cinquième sentinelle de jour seulement est posée à la porte de la demeure du Major-général; elle a pour consigne de rendre les honneurs militaires et d'empêcher tout rassemblement encombrant ou tumultueux devant la maison; elle est placée le matin au coup de canon de diane et retirée le soir dix minutes avant celui de retraite.

6° Une sixième sentinelle est placée devant la Majorité-générale pendant le jour; elle s'oppose à toute réunion, sur la place, de troupes autres que celles de la marine, à moins d'une autorisation spéciale du Major-général. Elle empêche tout rassemblement tumultueux, et, dans le cas où il serait fait des détériorations aux arbres, elle fait prévenir par un planton de l'Hôtel le poste de la porte du Soleil.

Tableau *indiquant les localités où sont posées les sentinelles fournies par les postes intérieurs de l'Arsenal, quand ces postes sont au complet.*

	JOUR.	NUIT.		JOUR.	NUIT.
Porte du Soleil.			**Parc.**		
Devant les armes.......	1	1	Devant les armes.......	1	1
Porte Saint-Louis......	1	1	Appontement du charbon	1	1
Place de La Gallissonnière	2	»	A la scierie mécanique..	»	1
Cour du zingage.......	1	1			
Devant la demeure du Major-général........	1	»	**Avant-Garde.**		
			Devant les armes.......	1	1
Porte du Nord.			A la poudrière.........	1	1
			Sur la jetée............	1	1
Devant les armes.......	1	1	Au pont...............	»	1
Mur de clôture.........	1	1	A la fosse aux mâts.....	1	1
Amiral.			**Rempart.**		
Devant les armes.......	1	1	Devant les armes.......	1	1
Grille du jardin........	1	1	Sur le rempart, devant Saint-Maurice........	1	1
Devant la corderie.....	»	1	Guérite du Grand Diable.	1	1
			A la scierie............	1	»
			Guérite du Petit Diable.	1	1

La pose des sentinelles variant en raison des besoins du service, on se conforme au tableau affiché dans le poste.

CHAPITRE II.

POSTE DU REMPART.

DU SERGENT.

Article 1er.

En cas d'incendie dans le Port pendant la nuit, le **Sergent.**

chef de poste envoie sur-le-champ prévenir l'officier commandant les postes; il envoie aussi sur le lieu de l'incendie deux soldats pour y maintenir le bon ordre, en attendant qu'il y vienne un détachement. Des patrouilles sont faites aux environs du poste.

Art. 2.

Il veille avec le plus grand soin à ce qu'il n'y ait aucune communication avec la prairie de Martrou; il empêche de se baigner et de pêcher dans le fossé d'enceinte.

Art. 3.

Il recommande aux sentinelles d'empêcher qu'il ne soit placé de planches pouvant permettre le passage de l'Arsenal dans la prairie.

Art. 4.

S'il arrive quelque alerte dans le Port, il fait de suite doubler les sentinelles et tient le reste de la garde sous les armes.

Art. 5.

Il donne à chacune de ses sentinelles de nuit deux cartouches qu'elle met dans la giberne pour s'en servir au besoin; à la descente de la garde, ces cartouches, après avoir été visitées, sont remises à la garde montante. Tous les matins, les balles et la poudre provenant d'armes déchargées sont remises au rapport à la Majorité-générale, qui les fait remplacer par des cartouches neuves.

Art. 6.

Le guichet de la porte de communication du Port avec le rempart doit toujours être fermé et la clef déposée au poste; il n'est ouvert par un caporal qu'aux officiers en uniforme, aux personnes munies d'une permission, aux gendarmes et gardiens de service, aux ingénieurs des travaux hydrauliques, ainsi qu'aux contre-maîtres et ouvriers qui les accompagnent pour manœuvrer la vanne de la scierie.

ART. 7.

Il est permis à la gardienne des vaches de l'Hospice de la marine d'entrer dans l'enceinte pour y faire paître ses animaux, mais il lui est enjoint de les garder, pour qu'ils ne puissent monter sur les talus ni détériorer les arbres.

ART. 8.

Le chef du poste est chargé de la clef du cadenas de la grande porte, qu'il ne fait ouvrir que sur un ordre de la Majorité-générale.

DES SENTINELLES.

ART. 9.

1° Il est posé une sentinelle devant les armes ; elle a pour consigne de marquer les heures avec le battant de la cloche suivant l'usage du bord, de demi-heure en demi-heure, depuis le coup de canon de retraite jusqu'à celui de diane ; elle se règle, à cet effet, sur les autres postes ou sur les gardiens des vaisseaux. Sentinelles.

2° Il est posé une autre sentinelle également de jour et de nuit, à la guérite dite du *Grand-Diable ;* elle a pour consigne d'empêcher qui que ce soit de s'introduire dans l'Arsenal en franchissant le fossé ou la palissade et de s'opposer à toute communication de l'extérieur avec l'intérieur.

3° Une troisième sentinelle, de jour et de nuit, est placée à l'autre extrémité du rempart, vis-à-vis Saint-Maurice ; elle empêche de laver du linge dans le fossé, de quelque côté que ce soit, ne laisse pas s'en approcher ni le jour ni la nuit, et veille à ce que l'on ne jette rien de l'intérieur à l'extérieur.

4° Une quatrième sentinelle, de jour seulement, est placée depuis le coup de canon de diane jusqu'à celui de retraite, auprès de la scierie mécanique ; elle ne laisse jeter aucun objet par-dessus le mur d'enceinte.

5° Une cinquième sentinelle est posée de jour et de nuit sur le rempart, à la guérite du *Petit-Diable* ; elle a la même consigne que la troisième sentinelle.

ART. 10.

Les sentinelles placées le long du rempart, ayant pour consigne d'empêcher qui que ce soit de franchir le fossé, soit pour sortir du Port, soit pour y entrer, arrêtent tout individu qui leur paraît suspect ou qui est nanti d'objets enlevés dans le Port.

En cas d'arrestation, la sentinelle appelle le caporal; le chef de poste fait garder les délinquants jusqu'au lendemain si l'arrestation a lieu pendant la nuit, ou les conduit immédiatement au poste de la porte du Soleil si c'est pendant le jour.

La pose des sentinelles variant en raison des besoins du service, on se conforme, pour cette pose, au tableau qui est affiché dans le poste.

DES RONDES.

ART. 11.

Rondes. Les portes qui communiquent du rempart à l'Arsenal devant toujours être fermées, le chef de poste veille au maintien de cette disposition et s'en assure par une ronde qu'il fait aussitôt après le coup de canon de retraite.

Il garde les clefs à son poste et ne les confie à personne, à moins que les besoins du service ne le commandent impérieusement. Dans ce cas, il en est rendu compte au rapport du lendemain à la Majorité-générale, et, sur-le-champ, à l'officier commandant les postes.

ART. 12.

Le chef de poste fait une ronde à 9 heures. Il passe par la porte de ronde, à côté de l'ancienne infirmerie, visite tout le terrain compris entre la poudrière, l'infirmerie et le magasin général, va déposer son marron à l'avant-garde, et revient le long du magasin général, passe près la salle des modèles et rentre en passant à côté des chantiers des embarcations.

ART. 13.

A une heure de la nuit en toute saison, le caporal du poste fait une ronde ; il passe vis-à-vis le chantier des embarcations, suit tous les ateliers sur le même alignement, passe près des forges, va déposer son marron au poste du parc et revient en passant devant l'ancien bagne.

NOTA. — Il est expressément recommandé aux chefs de postes, sous leur responsabilité personnelle, de veiller à la conservation et au parfait état de la consigne du poste. Toute infraction à cet égard est punie de la salle de police.

CHAPITRE III.

POSTE DE L'AVANT-GARDE.

DU SERGENT.

ARTICLE 1er.

En cas d'alarme ou d'incendie dans le Port, le sergent envoie sur-le-champ prévenir l'officier commandant les postes ; il envoie aussi deux soldats sur le lieu de l'incendie pour maintenir le bon ordre en attendant qu'il y vienne un détachement. Il fera faire des patrouilles du côté de la mâture et de la tonnellerie, ainsi que dans la cour du magasin général, s'il en est requis. Sergent.

ART. 2.

Il fait distribuer à chaque sentinelle de nuit deux cartouches, qu'elle conserve dans sa giberne, pour s'en servir au besoin. Ces cartouches sont remplacées au rapport par la Majorité-générale lorsqu'elles sont détériorées.

ART. 3.

Le chef du poste de l'avant-garde doit chaque soir, à quatre heures, donner le mot de ralliement au gardien qui couche dans l'enceinte des magasins de l'artifice.

ART. 4.

Il fait mouiller hors de l'enceinte du port tout bâtiment ou embarcation n'appartenant pas à l'Etat et venant du large, s'il n'est muni d'un billet d'entrée qui doit être remis au gardien du poste flottant préposé pour ce service.

Quant aux bâtiments ou embarcations sortant du Port, il ne leur permet de continuer leur route qu'autant qu'il a été prévenu par le gardien du poste flottant que ces bâtiments ou embarcations ont été visités et ont remis leur billet de passe. Il donne à ce sujet des ordres à la sentinelle devant les armes.

ART. 5.

Chaque soir, le sergent reçoit du gardien de la porte Rouge la clef de cette porte et la lui rend le lendemain.

ART. 6.

Si du coup de canon de retraite à celui de diane, une embarcation, après avoir été hêlée et sur laquelle on a fait feu, continue à avancer dans le Port, le sergent doit s'empresser d'envoyer un caporal et deux soldats pour surveiller cette embarcation et en arrêter le patron aussitôt qu'il a accosté.

ART. 7.

Tous les bâtiments qui se présentent pour entrer dans le Port et qui ont des poudres à bord, doivent mouiller en dehors; cette mesure de sûreté ne saurait être exécutée avec trop de ponctualité. Ceux qui ont de la chaux vive à bord doivent également mouiller en dehors, à moins que cette chaux ne soit renfermée dans des futailles.

ART. 8.

Il ne permet à aucun individu appartenant à un navire non français de se rendre dans la partie du Port contiguë à la poudrière et aux ateliers de l'artifice, à moins qu'il ne puisse produire une autorisation émanant de la Majorité-générale.

ART. 9.

Lorsqu'il doit y avoir quelques mouvements de poudre, le poste en est informé par l'officier d'artillerie chargé de diriger et surveiller cette opération. Dans ce cas, le sergent fournit les sentinelles qui lui sont demandées, pour faire écarter tout ce qui par un choc peut produire du feu.

Il fait éteindre les feux les plus rapprochés du point de débarquement et le long du chemin de communication jusqu'au magasin à poudre.

ART. 10.

Le sergent doit prêter main forte au gardien de la porte Rouge, quand celui-ci le demande ; dans ce cas, il en est rendu compte au rapport du lendemain.

DES SENTINELLES.

ART. 11.

Sentinelles.

1° Il est posé une sentinelle, de jour et de nuit, devant les armes ; son poste est au sud, près des arbres ; elle a pour consigne de piquer les heures avec le battant de la cloche, suivant l'usage du bord, de demi-heure en demi-heure; elle se règle, à cet effet, sur celle du poste du rempart.

Elle empêche qu'aucun bâtiment ou embarcation n'appartenant pas à l'Etat entre ou sorte le jour sans un billet de la Direction des mouvements du Port. Si les bâtiments ou embarcations s'efforcent de vouloir passer sans donner leur billet, elle tire dessus. Elle prévient immédiatement le sergent, si le gardien de la porte Rouge demande du secours.

Du coup de canon de retraite à celui de diane aucun bâtiment ou embarcation n'entre dans le Port et n'en sort, sans un ordre écrit du Préfet maritime, ou du Major-général, ou porté verbalement par un officier major; dans l'un ou l'autre cas, le rapport en est fait le lendemain à la Majorité-générale. Sont exceptées les embarcations de l'Etat portant des officiers. Sur leur demande, ces officiers sont conduits par un caporal à la porte du Soleil.

Les bâtiments à vapeur et de servitude appartenant à la Direction des mouvements du port qui n'ont pas pu rallier avant le coup de canon, sont autorisés à s'amarrer sur le poste flottant, et les patrons sont accompagnés, comme il vient d'être dit, jusqu'au poste de la porte du Soleil, si leur service l'exige. Tout bâtiment de l'Etat ou du commerce surpris par le coup de canon de retraite au milieu de son mouvement d'entrée ou de sortie, le suspend jusqu'au lendemain, à moins d'ordres contraires, et les équipages sont retenus à leur bord.

Les bâtiments de l'Etat seuls peuvent entrer de jour dans le chenal qui fait la séparation du Port. La nuit, le canal est ouvert à tous les bâtiments coulant bas d'eau, lors même qu'ils appartiennent à des particuliers.

2° Il est posé une sentinelle de nuit, à la porte Rouge, qui sépare le Port de la prairie de Martrou ; elle a pour consigne d'empêcher de la franchir, de passer à côté et de traverser le fossé d'enceinte pour sortir ou entrer.

3° Il est posé une troisième sentinelle, de jour et de nuit, près la poudrière ; elle empêche d'ouvrir le magasin à poudre qui est du côté du nord, hors de la présence d'un officier de la direction d'artillerie ou du garde d'artillerie, qui, dans ce cas, doit être accompagné d'un caporal et de deux soldats de la garde. Il est permis aux gardes d'artillerie d'entrer de l'autre côté avec leurs gens, pour y prendre la poudre nécessaire à la confection des artifices.

Elle empêche de déposer tout objet ou matière quelconque auprès de la poudrière.

4° Il est posé une sentinelle de jour et de nuit sur la jetée du canal qui va de la porte Rouge à la rivière.

Elle ne laisse passer que les officiers, les ingénieurs et les agents de la Direction des mouvements du Port ou des travaux hydrauliques, munis de billets de sortie ou commandant une corvée, pour exécuter un service dans la prairie. Elle ne laisse entrer dans l'intérieur de l'artifice que les personnes qui lui sont désignées par le maître de cet établissement.

5° Une sentinelle de nuit seulement est placée au pont situé dans la partie nord de l'enceinte de l'artifice; elle ne laisse communiquer qui que ce soit de la rivière avec l'enclos de cet atelier, mais elle n'empêche pas les canots des bâtiments mouillés à l'avant-garde de communiquer avec la prairie. Si une embarcation cherche à aborder du côté de l'Arsenal malgré la défense, elle donne l'alarme en tirant un coup de carabine en l'air; le chef de poste se rend alors immédiatement sur les lieux.

6° Une sixième sentinelle, de jour et de nuit, est placée à l'extrémité de la fosse aux mâts; elle empêche de s'introduire sur le chemin de ronde depuis la guérite jusqu'à la barrière de l'artifice, de se baigner dans la fosse, et de faire paître les bestiaux sur les levées qui la bordent.

Les blanchisseuses sont autorisées à puiser de l'eau avec des seaux dans la partie qui avoisine la guérite, mais elles ne peuvent laver dans la fosse; les eaux sales sont jetées à une distance assez grande pour qu'elles ne puissent retourner dans le réservoir.

La sentinelle laisse la nuit circuler librement les douaniers qui répondent au *Qui vive ? — Préposé des douanes !*

NOTA. — La pose des sentinelles variant en raison des besoins du service, on se conformera, pour cette pose, au tableau affiché dans le poste.

DES RONDES.

ART. 12.

A dix heures et demie, en toute saison, le caporal fait une ronde. Partant du poste, il passe le long du chenal de la fosse aux mâts, fait le tour de la mâture et de la tonnellerie, revient le long des forges et de la mâture, prolonge les magasins particuliers et le magasin général; au coin de l'ancien bagne, il tourne à gauche, Rondes.

pour passer devant les magasins à étoupes, chantiers des chaloupes et ateliers des cabestans et gouvernails ; de là il se dirige sur le poste du Parc, où il dépose son marron, et retourne à son poste par le chemin le plus direct.

Le sergent fera la même ronde à quatre heures du matin.

Nota. — Il est expressément recommandé aux chefs de postes, sous leur responsabilité personnelle, de veiller à la conservation et au parfait état de la consigne du poste. Toute infraction à cet égard est punie de la salle de police.

CHAPITRE IV.

POSTE DU PARC.

DU SERGENT.

Article 1er.

Sergent. Si le feu prend dans le Port pendant la nuit, le chef de poste envoie sur-le-champ prévenir l'officier commandant les postes, et dirige sur les lieux de l'incendie un caporal et deux soldats pour maintenir le bon ordre en attendant l'arrivée d'un détachement. Des patrouilles sont également faites aux environs du poste.

Art. 2.

Il fait distribuer à chaque sentinelle de nuit deux cartouches qu'elle conserve dans sa giberne, pour s'en servir au besoin ; ces cartouches sont remplacées au rapport par la Majorité-générale, lorsqu'elles sont détériorées.

DES SENTINELLES.

Art. 3.

Sentinelles. 1° Il est placé une sentinelle de jour et de nuit devant les armes ; elle a pour consigne de marquer les heures avec le battant de la cloche, suivant l'usage du bord, de demi-heure en demi-heure, depuis le coup de canon de retraite jusqu'à celui de diane ; elle se règle, à cet effet, sur les autres postes ou sur les gardiens des vaisseaux.

2° Il est placé une seconde sentinelle de jour et de nuit à l'appontement du parc à charbon ; elle empêche toute communication entre l'Arsenal et l'extérieur sur l'étendue qu'elle peut découvrir ; elle veille à ce que personne ne puisse s'introduire dans l'Arsenal par la rivière ; enfin, elle ne laisse déposer aucun objet dans les rues qui longent le parc au charbon.

3° Une troisième sentinelle, de nuit seulement, remplace, du coup de canon de retraite à celui de diane, auprès de la scierie mécanique, celle qui, pendant le jour, est fournie par le poste du rempart ; elle veille à la sûreté de cette partie de l'Arsenal.

DES RONDES.

Art. 4.

A dix heures du soir, en toute saison, le sergent fait une ronde. Partant du poste, il se dirige le long de la rivière jusqu'au poste de l'avant-garde, où il dépose son marron. Il revient en faisant le tour du hangar de la mâture, passe le long de la tonnellerie et du magasin général, tourne au coin de l'ancien bagne pour aller passer devant le magasin à fer qui est derrière la Direction du génie maritime, et rejoint son poste. Rondes.

Art. 5.

Outre la ronde dont il vient d'être parlé, le sergent en fait une seconde à trois heures du matin, dans laquelle il visite toutes les parties des cours des ateliers des pompes, et rejoint son poste en contournant le chenal et passant sur le pont de la Cloche.

Art. 6.

A deux heures du matin, le caporal du poste fait

également une ronde dans laquelle il passe, comme le sergent, le long des ateliers des pompes et de la chaudronnerie, se dirige vers le poste de la porte du Soleil, où il dépose son marron, puis il rejoint son poste par la chaussée, qu'il longe en passant sur le pont de la Cloche.

Nota. — Il est expressément recommandé aux chefs de postes, sous leur responsabilité personnelle, de veiller à la conservation et au parfait état de la consigne du poste. Toute infraction à cet égard est punie de la salle de police.

CHAPITRE V.

POSTE DE L'AMIRAL.

DU CHEF DE POSTE.

Article 1er.

Chef de poste. En cas d'incendie dans le Port, le chef de poste envoie sur-le-champ prévenir l'officier commandant les postes, et dirige sur les lieux de l'incendie deux soldats pour maintenir le bon ordre, en attendant qu'il y vienne un détachement ; des patrouilles sont faites aux environs du poste.

Art. 2.

Les militaires, marins ou autres personnes de la marine, envoyés en punition à bord de l'Amiral, doivent y être conduits par un sous-officier du corps ou par un agent de la Direction dont le détenu dépend. Un billet visé par la Majorité-générale indique le nom et la qualité du détenu et le temps que doit durer la détention. Ce billet doit être remis le lendemain au rapport.

Les prisonniers à bord de l'Amiral ne peuvent en sortir que sur un billet visé du Major-général, du

Major, d'un aide-Major ou d'un sous-aide-Major.

Toutefois, pour les individus envoyés par la Direction des mouvements du Port, le visa de la Majorité-générale n'est pas nécessaire ; il suffit que le chef de poste de l'Amiral consigne sur son cahier de rapport les noms des hommes de cette Direction en état de détention au moment du rapport ou mis en liberté pendant le cours de son service.

ART. 3.

Il tient la main à ce que les personnes qui apportent à manger aux détenus sur le bâtiment Amiral ne restent pas à bord plus d'une heure le matin et une heure le soir. En toute saison, de 11 heures à midi, en été de 5 heures à 6 heures du soir, et de 3 à 4 heures en hiver, les détenus peuvent monter sur le pont. Il place alors une sentinelle armée de son sabre-baïonnette, pour empêcher les évasions. Les officiers peuvent monter sur le pont à toute heure.

ART. 4.

Le chef de poste fait distribuer à chaque sentinelle de nuit deux cartouches qu'elle met dans sa giberne pour s'en servir au besoin. Ces cartouches sont remplacées au rapport par la Majorité-générale, lorsqu'elles sont détériorées.

ART. 5.

Il ne laisse pénétrer aucun des hommes de la garde dans l'enceinte où se trouvent les bureaux de la Direction des travaux hydrauliques.

ART. 6.

Le chef du poste de l'Amiral s'assure, lors de la fermeture des barrières de la cour de la corderie, qu'il ne reste personne dans la cour ; la clef de cette barrière reste déposée à son poste jusqu'à l'embauchée des ouvriers.

DES SENTINELLES.

Art. 7.

Sentinelles. 1° Il est posé de jour et de nuit une sentinelle devant les armes ; elle a pour consigne de marquer les heures avec le battant de la cloche, suivant l'usage du bord, de demi-heure en demi-heure, depuis le coup de canon de retraite jusqu'à celui de diane. Elle se règle, à cet effet, sur l'horloge la plus voisine du poste.

Elle ne laisse entrer dans la corderie, ou par la porte à côté, que les ouvriers et les personnes bien connues, ainsi que les étrangers munis d'une permission du Préfet maritime ou du Major-général. Elle veille au maintien du bon ordre autour de la pompe, et empêche qu'on ne perde de l'eau ; elle empêche tout individu, autre que celui chargé de la distribution de l'eau, de déranger la barrique placée près de la fontaine, et veille à ce qu'il n'y soit fait aucune dégradation. Elle ne laisse déposer ni bois, ni charbon dans les rues voisines du poste.

2° Une deuxième sentinelle est placée, de nuit seulement, dans la cour de la corderie ; elle veille à ce que personne ne pénètre dans le Port en descendant par les murs du jardin de la Préfecture maritime.

3° Une troisième sentinelle de jour et de nuit est placée à la grille du jardin ; elle empêche tout rassemblement, s'oppose à l'introduction d'objets soit dans le Port, soit dans le jardin, et veille à ce que personne ne pénètre furtivement dans la Préfecture. Si ce cas se présente, elle sonne, pour avertir les gens de l'hôtel, et prévient le chef de poste.

Nota. — La pose des sentinelles variant en raison des besoins du service, on se conformera pour cette pose au tableau qui se trouve dans le poste.

DES RONDES.

Art. 8.

Rondes. Lorsque le poste est commandé par un sergent, il

fait sa ronde, en été comme en hiver, à une heure de la nuit.

Partant du poste, il passe devant le jardin, les forges des bassins, la cayenne, et le long du mur de l'hôtel du commissariat, va jusqu'au pont de la Cloche, revient le long de la rivière jusqu'à la porte du Nord, où il dépose son marron, continue sa route en passant par la corderie et rejoint son poste.

Nota. — Il est expressément recommandé aux chefs de postes, sous leur responsabilité personnelle, de veiller à la conservation et au parfait état de la consigne du poste. Toute infraction à cet égard est punie de la salle de police.

CHAPITRE VI.

POSTE DE LA PORTE DU NORD.

DU SERGENT.

Article 1er.

Il fait distribuer à chaque sentinelle de nuit deux cartouches qu'elle conserve dans sa giberne pour s'en servir au besoin. Sergent.

Ces cartouches sont remplacées au rapport par la Majorité-générale, lorsqu'elles sont détériorées.

Art. 2.

La porte du Port est fermée en sa présence au coup de canon de retraite. La clef est remise au sergent de la porte du Soleil lorsqu'il se présente. Ce sergent est reconduit jusqu'à son poste par le caporal et deux soldats, munis d'un fanal, et qui retournent ensuite à leur poste.

Au coup de canon de diane, le sergent envoie chercher la clef et fait ouvrir la porte au premier son de cloche, pour l'entrée des ouvriers.

ART. 3.

En cas d'incendie ou d'alarme, soit en ville, soit dans le Port, la porte reste fermée jusqu'à ce qu'un officier-major ou un des officiers attachés à la Direction des mouvements du Port se présente pour faire entrer ceux dont les secours sont nécessaires.

ART. 4.

Dans le même cas d'incendie dans le Port ou dans les maisons attenantes, le sergent de garde fait sur-le-champ prévenir l'officier commandant les postes. Il arrête les personnes qui cherchent à sortir avec précipitation, à moins qu'elles ne soient très connues et envoyées par l'un des chefs de service de la marine.

Dans ce cas, il fait prendre par le portier leurs noms et qualités et l'heure à laquelle elles se sont présentées pour sortir.

Il remet le commandement du poste à l'officier désigné pour le commander dans ces circonstances. Il se range sous ses ordres.

ART. 5.

Le chef de poste avec sa troupe, renforcée du détachement qu'il reçoit, empêche le désordre et envoie faire des patrouilles aux environs de son poste.

Il doit recevoir et faire veiller le matériel d'artillerie confié à sa garde par les officiers de la marine ou de l'artillerie.

ART. 6.

Peuvent passer par la porte du Nord, les officiers de toutes armes en uniforme, les autorités civiles et officiers en retraite porteurs d'une permission, et les ingénieurs des travaux hydrauliques munis de leur carte, ainsi que les personnes qu'ils accompagnent. Peuvent également passer, les gardes montantes et descendantes, les agents et ouvriers d'artillerie et les ouvriers porteurs de gabarits pour la fonderie.

Le passage est interdit à toute autre personne, à

moins d'une autorisation spéciale de la Majorité-générale.

Lorsque des personnes de l'extérieur demandent à parler au directeur d'artillerie, elles sont conduites près de lui par le gendarme de service, qui s'assure de leur sortie par la même issue.

ART. 7.

Pendant les heures d'embauchée et de débauchée, le chef du poste tient la garde sous les armes, l'arme au bras, devant son poste, pour veiller au maintien de l'ordre, à la sortie et à l'entrée des ouvriers, et donne main-forte au portier, s'il est nécessaire.

ART. 8.

Lorsque le maintien de l'ordre ou la sûreté de l'Arsenal le rend nécessaire, le chef de poste peut faire fermer et ouvrir la porte du Nord, mais il doit en faire rendre compte immédiatement à l'officier commandant les postes, en lui en faisant connaître les motifs ; celui-ci fait de suite prévenir le Major-général.

Le gardien de service à la porte est sous les ordres du chef de poste, pour l'opération d'ouvrir et fermer la porte.

ART. 9.

Il est défendu aux militaires de garde de sortir de l'Arsenal autrement que pour un fait de service.

ART. 10.

Les officiers de l'Etat-major général et les officiers de ronde peuvent sortir la nuit par cette porte, après s'être fait reconnaître.

DES SENTINELLES.

ART. 11.

1° Il est posé devant les armes une sentinelle de jour et de nuit ; elle a pour consigne de piquer

Sentinelles.

l'heure avec le battant de la cloche, suivant l'usage du bord, de demi-heure en demi-heure, depuis le coup de canon de retraite jusqu'à celui de diane ; elle se règle, à cet effet, sur l'Amiral ; elle veille à ce que personne ne passe ni ne jette rien par-dessus le mur de clôture qui est à côté de la porte.

2° Il est placé une sentinelle de jour et de nuit auprès du mur de clôture, sur le bord de la rivière ; elle doit étendre sa surveillance sur la cour située derrière la Direction d'artillerie, pour interdir toute communication avec l'extérieur.

Elle empêche qu'aucun bâtiment ou embarcation n'appartenant pas à l'Etat entre ou sorte, le jour, sans un billet signé d'un officier de la Direction des mouvements du Port ; elle tire sur ceux des bâtiments ou embarcations qui veulent passer après qu'elle leur a signifié l'ordre de mouiller. La nuit, aucun bâtiment ou embarcation ne peut entrer ou sortir sans un ordre écrit du Préfet maritime, du Major-général, ou d'un ordre verbal porté par un officier de la Majorité-générale.

Nota. — La pose des sentinelles variant en raison des besoins du service, on se conformera pour cette pose au tableau qui se trouve affiché dans le poste.

DES RONDES.

Art. 12.

Rondes. A onze heures du soir, en toute saison, le chef du poste fait une ronde ; il suit le bord de la rivière, passe sur le pont du bassin, visite les alentours du moulin à scier et du parc à lest jusqu'au pont de la Cloche, et se rend à la porte du Soleil, où il dépose son marron. Il fait son retour en passant entre les bassins et la grande cayenne, et en prolongeant l'atelier de la corderie.

Le caporal fait une ronde semblable à 3 heures.

Nota. — Il est expressément recommandé aux chefs de postes, sous leur responsabilité personnelle, de veiller à la conservation et au parfait état de la consigne du poste. Toute infraction à cet égard est punie de la salle de police.

CHAPITRE VII.

POSTE DE LA FONDERIE.

DU SERGENT.

ARTICLE 1er.

Aux heures d'embauchée et de débauchée, le chef de poste tient sa garde sous les armes devant le poste, et, autant que possible, à l'abri de la pluie et des chaleurs, pour veiller à la rentrée ou à la sortie des ouvriers. Sergent.

Il veille avec le gardien de la Fonderie à ce que rien ne soit distrait de cet établissement.

ART. 2.

En cas d'incendie à la Fonderie, à la caserne Tréville, à celle du haut de la rue des Fonderies, près le Port Marchand (dite petite caserne), ou à la Direction des subsistances, il fait prévenir le Préfet maritime et le Major-général, et il envoie en même temps deux soldats sur le lieu de l'incendie, pour y maintenir l'ordre.

ART. 3.

Tous les soirs, une demi-heure après la sortie des ouvriers, il place la sentinelle de nuit. Les clefs de la porte de la Fonderie doivent être mises dans la boîte fermant à clef déposée, à cet effet, dans le poste. Le chef de poste donne ces clefs au portier tous les matins, un quart-d'heure avant la cloche.

Il a seul la clef de ladite boîte, et est responsable de celles qu'elle renferme.

ART. 4.

Si, pendant la nuit, quelque circonstance nécessite l'ouverture de la porte de la Fonderie, le chef de poste la fait ouvrir et a soin d'en faire prévenir le portier, qui doit toujours être présent à son ouverture et à sa fermeture. L'un et l'autre s'assurent que la porte est bien fermée.

ART. 5.

Le portier peut conserver du feu allumé jusqu'à 9 heures.

Le chef de poste veille à ce que cet agent tienne toujours dans un fanal la lumière dont il peut avoir besoin.

ART. 6.

Lorsque la ronde-major, les rondes d'extinction des feux, celles des maîtres de la compagnie des pompiers, ou toute autre se présente pour entrer dans l'intérieur de la Fonderie, le chef de poste ne fait ouvrir qu'en présence du portier, après avoir fait raisonner lesdites rondes et reçu de leurs chefs le mot d'ordre; l'un et l'autre s'assurent que la porte est bien refermée.

ART. 7.

Deux cahiers sur lesquels les officiers ou employés des subsistances et des constructions navales doivent inscrire l'heure du commencement et de la fin de leurs rondes des feux, sont déposés entre les mains du chef de poste qui les envoie chaque matin au rapport.

ART. 8.

Toutes les clefs des différents ateliers et magasins de la Fonderie doivent être remises au chef de poste aussitôt la débauchée terminée. Ces clefs sont placées dans l'armoire dont ce chef a seul la clef et ne sont délivrées que le lendemain à l'embauchée.

ART. 9.

Après la débauchée du soir, les clefs de l'établissement des subsistances de la marine sont remises par un agent de ce service au chef de poste, qui les dépose dans une armoire placée à cet effet dans son poste.

Le matin, les clefs sont remises à l'agent des subsistances, sur la présentation d'un marron.

ART. 10.

Les clefs des magasins de la Fonderie, celle de la porte extérieure du chemin de ronde forment trois trousseaux munis chacun d'un marron spécial; le chef de poste ne délivre la clef de la porte intérieure du chemin de ronde que sur la présentation du marron qui y correspond. Celle de la porte extérieure n'est également délivrée que sur la présentation du marron correspondant, mais en présence du gardien et seulement lorsqu'il y a des matières à introduire par cette issue.

DES SENTINELLES.

ART. 11.

Sentinelles.

1° Une sentinelle de jour et de nuit est placée à la porte d'entrée de l'établissement; elle a pour consigne de veiller à ce que rien n'en sorte sans autorisation légale; elle se tient dans la cour, de manière à apercevoir la porte d'entrée ainsi que les lieux environnants et principalement la porte de l'établissement donnant sur le jardin botanique.

2° Une deuxième sentinelle, de nuit seulement, est placée dans l'espace du chemin de ronde qui entoure les ateliers et qui aboutit à une petite porte donnant sur la rue des Fonderies; elle a à parcourir toute l'étendue de ce chemin de ronde. Une petite porte, habituellement fermée, qui interrompt une partie de ce chemin de ronde, reste ouverte pendant la nuit; la clef est déposée au poste le matin.

DES RONDES.

ART. 12.

Rondes.

Le chef de poste fait pendant la nuit plusieurs rondes

dans la cour et le chemin de ronde, pour s'assurer qu'aucun indice de feu ne se manifeste dans l'établissement.

Nota. — Il est expressément recommandé aux chefs de postes, sous leur responsabilité personnelle, de veiller à la conservation et au parfait état de la consigne du postes ; toute infraction à cet égard est punie de la salle de police.

CHAPITRE VIII.

POSTE DE LA PRÉFECTURE.

DU SERGENT.

Article 1er.

Sergent. Le chef de poste prête main-forte, soit de jour, soit de nuit, au commissaire de police ou à tout autre habitant qui le requiert pour cause grave et pressante.

Si les cris : *Au secours !* ou *arrêtez !* sont entendus de son poste, le chef doit envoyer reconnaître de suite d'où ils partent et saisir les individus qui y ont donné lieu. Si les personnes arrêtées appartiennent à la marine, il les garde au violon de la Préfecture ; si elles appartiennent au civil ou à la garnison, il les fait conduire au poste de la Mairie ; dans tous les cas, il se conforme aux articles 7, 8, 9, 10 et 11 de la consigne générale des postes.

Art. 2.

Dans les cas d'alarme ou d'incendie dans l'Hôtel de la Préfecture ou dans les maisons voisines, le chef de poste fait prévenir sur-le-champ le Préfet maritime et le Major-général ; il envoie deux hommes de garde sur le lieu du feu pour maintenir le bon ordre en attendant l'arrivée de la troupe.

Le soldat qui va prévenir à la Majorité-générale

donne en même temps l'alarme à la Porte du Soleil.

Si l'incendie a lieu en ville, il fait de plus avertir le Commandant de place.

ART. 3.

Il fournit une escorte de deux soldats au moins et de quatre au plus aux officiers supérieurs et officiers de la Majorité-générale désignés pour faire des rondes à l'intérieur ou à l'extérieur de l'Arsenal ; un soldat porte le fanal ; cette escorte accompagne la ronde partout où son chef juge convenable d'aller.

ART. 4.

Il arrête ou fait arrêter tous les militaires, sous-officiers, caporaux ou soldats et les marins des équipages de la flotte qui passent devant le poste après dix heures du soir, en état d'ivresse ; il les garde pendant la nuit et les fait conduire le lendemain à la Majorité-générale ou au bureau de la place selon leur corps ; il mentionne sur son cahier de rapport les noms des hommes arrêtés.

ART. 5.

Il fait distribuer à chaque sentinelle de nuit deux cartouches qu'elle conserve dans sa giberne pour s'en servir au besoin.

Ces cartouches sont remplacées au rapport par la Majorité-générale, lorsqu'elles sont détériorées.

ART. 6.

Il exerce une surveillance continuelle sur la fontaine placée près de son poste ; il veille particulièrement à ce qu'aucun dépôt d'ordures ou de bourriers ne soit fait le long des murs qui bordent les avenues de cette fontaine ; il rend compte de toute contravention au présent ordre.

Dans les grandes pluies il fait mettre en travers sur le ruisseau des planches, déposées au poste à cet effet, pour que le passage soit toujours libre.

ART. 7.

Le chef du poste ne laisse toucher à personne la boîte contenant les clefs du Port ; les gardiens qui doivent accompagner les officiers de ronde ne peuvent eux-mêmes prendre ces clefs qu'en présence de l'officier de ronde et du sergent de garde.

ART. 8.

Un quart d'heure avant la fermeture du jardin, qui a lieu aux heures indiquées au tableau ci-joint (art. 11), le sergent de garde fait sonner la retraite dans le jardin par son clairon. Le caporal fait une patrouille avec quatre hommes de garde pour faire sortir les personnes qui sont encore à la promenade, et fait fermer les grilles en commençant par celle du Nord. Il apporte les clefs au poste, où elles restent jusqu'au lendemain matin pour servir à l'ouverture des grilles, qui a lieu à l'heure fixée au tableau.

ART. 9.

Les deux capotes des plantons du jardin déposées au poste, étant portées sur l'inventaire, sont sous la responsabilité du sergent.

DES SENTINELLES.

ART. 10.

Sentinelles. 1° Il est placé deux sentinelles devant la grille de l'Hôtel ; elles veillent au maintien de l'ordre, rendent les honneurs militaires, et empêchent de déposer des ordures auprès de l'Hôtel.

Celle de ces deux sentinelles qui est placée à gauche de la grille, en entrant, doit, en outre, empêcher de faire des ordures le long du mur du jardin ; elle prévient le chef de poste si quelques individus refusent d'obtempérer à ses injonctions.

Elle est relevée et rentre au poste dès que la grille de l'Hôtel est fermée ; l'autre sentinelle vient se placer devant les armes, au coup de canon de retraite, pour veiller les rondes ou patrouilles.

Au coup de canon de diane, elles sont replacées toutes les deux à la grille de l'Hôtel.

2° Si les circonstances l'exigent, il est posé une sentinelle de nuit à la porte du trésorier des Invalides. Elle veille à ce qu'on ne jette rien du dedans au dehors; si elle s'aperçoit de quelque tentative de ce genre, elle arrête les auteurs et avertit immédiatement le trésorier.

Lorsque, accidentellement, elle est posée de jour, à l'époque des paiements, elle empêche d'entrer en foule et réprime tout désordre.

3° Il est placé une sentinelle de jour et de nuit à la porte extérieure de l'Hôtel du Commissariat général.

Elle s'oppose à toute réunion, sur la place, de troupes autres que celles de la marine, à moins d'une autorisation spéciale du Major-général.

Elle empêche tout rassemblement tumultueux, et, dans le cas où des enfants feraient quelques détériorations aux arbres et refuseraient de s'éloigner, elle fait avertir par un planton de l'Hôtel le poste de la porte du Soleil.

Nota. — La pose des sentinelles variant en raison des besoins du service, on se conformera, pour cette pose, au tableau qui se trouve affiché dans le poste.

DES RONDES.

Art. 11.

Le chef de poste fait chaque nuit une ronde dans le jardin afin de s'assurer que personne ne s'y est introduit. Il en fait faire une également par le caporal. Les heures de ces rondes sont laissées à la disposition du sergent. Rondes.

Nota. — Il est expressément recommandé aux chefs de postes, sous leur responsabilité personnelle, de veiller à la conservation et au parfait état de la consigne du poste. Toute infraction à cet égard est punie de la salle de police.

TABLEAU *indiquant les heures d'ouverture et de fermeture des grilles du Jardin.*

DATES.	OUVERTURE.	FERMETURE.	DATES.	OUVERTURE.	FERMETURE.
1er Janvier...	7h30	5h00	1er Juillet....	5h30	8h45
15 id. ...	7h15	5h15	15 id.	5h45	8h45
1er Février...	7h00	5h30	1er Août.....	5h45	8h45
15 id. ...	6h30	6h00	15 id.	5h45	8h15
1er Mars	6h15	6h30	1er Septembre	5h45	7h45
15 id.	6h00	7h00	15 id. .	6h00	7h15
1er Avril.....	5h45	7h30	1er Octobre..	6h15	6h45
15 id.	5h45	8h00	15 id. ..	6h30	6h15
1er Mai.	5h45	8h15	1er Novembre.	7h00	5h45
15 id.	5h45	8h30	15 id. .	7h15	5h30
1er Juin......	5h30	8h45	1er Décembre.	7h30	5h15
15 id.	5h30	8h45	15 id. .	7h30	5h00

CHAPITRE IX.

POSTE DE SAINT-MAURICE.

DU SERGENT.

ARTICLE 1er.

Sergent. Le chef de poste fait donner main-forte au concierge et aux guichetiers de la prison toutes les fois qu'il en est requis, et, si la garde ne suffit pas, il fait demander un renfort à la caserne des Équipages de la Flotte qui le lui fournit immédiatement

ART. 2.

Il prête également main-forte dans le cas exceptionnel où le poste de la porte Martrou est insuffisant.

ART. 3.

Il fait distribuer à chaque sentinelle de nuit deux cartouches qu'elle conserve dans sa giberne pour s'en servir au besoin. Ces cartouches sont remplacées au rapport par la Majorité-générale, quand elles sont détériorées.

ART. 4.

Il veille à ce que les hommes de garde n'entrent dans la prison que lorsqu'ils sont requis pour le service. Lorsqu'il a besoin d'eau pour le poste, il remet son bidon au concierge qui doit le lui faire remplir.

Les mercredi et samedi seulement, les soldats sont admis dans la cour pour puiser l'eau nécessaire au lavage du lit de camp; mais il leur est défendu de communiquer avec les prisonniers.

ART. 5.

Le sergent assiste aux distributions des vivres faites aux prisonniers et vise le casernet de cambuse.

ART. 6.

En cas d'alarme ou d'incendie dans la prison, le chef de poste envoie sur-le-champ prévenir le Préfet maritime et le Major-général.

Il envoie deux soldats au lieu où est le feu, pour maintenir le bon ordre, en attendant qu'il y arrive un détachement.

Si le feu se déclare à la caserne des Équipages, il fait prévenir de suite le poste de la garde de police.

DES SENTINELLES.

ART. 7.

1° Une sentinelle est posée de jour et de nuit devant Sentinelles.

les armes, elle empêche toute communication pardesssus les murs entre la prison et la ville.

Elle prévient en cas d'alerte et ne souffre aucun rassemblement près de la prison.

2° Une sentinelle de jour et de nuit est posée à l'extérieur et vers le milieu du mur nord de la prison; elle a la même consigne que celle placée devant les armes, et empêche qu'il ne soit fait ou déposé des ordures le long du mur, ni jeté quoi que ce soit pardessus.

Ces deux sentinelles doivent empêcher d'étendre du linge sur la place; en cas de contravention, elles en préviennent le chef de poste qui, s'il est nécessaire, avertit le brigadier de gendarmerie du poste de Saint-Maurice, pour verbaliser contre qui de droit.

DES RONDES.

Art. 8.

Rondes. Le chef de poste fait, chaque nuit, une ronde pour s'assurer que les sentinelles veillent bien. Les heures de ces rondes sont laissées à sa disposition. Pendant le jour, il exerce, dans le même but, une grande surveillance.

Nota. — Il est expressément recommandé aux chefs de postes, sous leur responsabilité personnelle, de veiller à la conservation et au parfait état de la consigne du poste. Toute infraction à cet égard est punie de la salle de police.

CHAPITRE X.

POSTE DE L'HOPITAL.

DU SERGENT.

Article 1er.

Sergent. En cas d'incendie dans l'Hôpital, le chef de poste fait prévenir de suite le Préfet maritime et le Major-général ; il envoie aussi deux soldats au lieu où est le feu, pour maintenir le bon ordre en attendant qu'il reçoive un détachement qu'il emploie à faire des patrouilles autour de son poste ; dans aucun cas, le pompier ne doit s'absenter sous prétexte d'aller chercher du secours.

ART. 2.

Il empêche les soldats de la garde d'avoir aucune communication avec les malades ; il ne leur permet jamais de s'absenter du poste ; ceux qui contreviennent à cette défense sont punis de huit jours de salle de police.

ART. 3.

Il fait donner main-forte aux commissaires, administrateurs et médecins attachés à l'Hôpital, et au portier, toutes les fois qu'il en est requis, et, si la garde ne suffit pas, il fait demander du secours aux postes les plus voisins.

ART. 4.

Il veille et fait veiller à ce que personne du poste ou du dehors ne porte aucune espèce de vivres, vins, liqueurs, fruits, etc., aux malades. Il arrête immédiatement les personnes qui se trouvent nanties de ces objets ; il les fait conduire au bureau de la Majorité-générale.

Afin qu'aucun soupçon ne puisse planer sur les différentes sentinelles placées dans l'intérieur de l'Hôpital, dans le cas où quelques contraventions seraient commises aux dispositions qui précèdent, le sergent commandant le poste s'assure, au moment où elles vont être posées, qu'elles n'ont sur elles aucune des choses prohibées.

ART. 5.

Il veille et fait veiller par les caporaux, ainsi que par les sentinelles, à ce qu'il ne soit commis aucune dégradation aux plantations existant dans la cour de l'Hôpital.

ART. 6.

Il recommande aux factionnaires placés en dedans

de la porte d'entrée et des grilles donnant sur les fossés extérieurs, d'empêcher les malades d'avancer au-delà des limites fixées par le commissaire et de ramasser les boissons ou aliments qui pourraient être jetés du dehors par dessus les murs.

ART. 7.

Sous aucun prétexte, le sergent de garde ne laisse circuler, pendant la nuit, d'autres soldats que ceux qui sont de service ; il est responsable des désordres qui peuvent survenir dans l'intérieur par le fait des militaires de garde.

ART. 8.

Les sœurs, les officiers de santé et agents employés au service de nuit de l'Hôpital peuvent circuler dans la grande cour depuis le coup de canon de retraite jusqu'à celui de diane, pourvu qu'ils soient munis d'un fanal ; partout ailleurs le mot de ralliement est indispensable.

Quant aux étudiants qui vont le soir à la salle de dissection, ils peuvent s'y rendre sans fanal en suivant le pavé qui va de la grille à l'amphithéâtre.

ART. 9.

Il prête main-forte, soit le jour, soit la nuit, au commissaire de police ou à tout habitant qui le requiert pour cause grave et pressante.

Si les cris : *Au secours !* ou *arrêtez !* sont entendus au poste, le chef de poste envoie reconnaître de suite d'où ils partent et fait arrêter les individus qui y ont donné lieu.

ART. 10.

Il fait poser momentanément des sentinelles dans les endroits qui lui sont indiqués par le commissaire de l'Hôpital, et fait exécuter les ordres qu'il peut en recevoir. Il rend compte du tout, le lendemain, au rapport, à la Majorité-générale.

Ces ordres ne sont valables que pendant vingt-quatre heures. Il fait connaître aux personnes qui les lui ont donnés, qu'elles doivent aviser aux moyens de les faire changer en consignes, s'il y a lieu de continuer à les appliquer plus longtemps.

Art. 11.

Il donne le soir le mot de ralliement au pompier de service.

Art. 12.

Il reçoit, tous les soirs, du gardien de la salle des consignés, la clef de cette salle et la lui rend le matin.

Art. 13.

Il tient la main à ce qu'un des caporaux conduise et ramène les factionnaires relevés pour manger la soupe.

Art. 14.

Les sentinelles de nuit reçoivent deux cartouches qu'elles mettent dans leur giberne pour s'en servir au besoin. Ces cartouches sont remplacées au rapport par la Majorité-générale, quand elles sont détériorées.

Art. 15.

Chaque corps doit désigner un sous-officier chargé d'aller prendre à l'Hôpital, pour les ramener à la caserne, les hommes qui ont leur exéat.

Il ne fournit aucun homme de garde pour accompagner ces malades, à moins que le sous-officier désigné ne vienne pas les prendre ; dans ce cas, il prévient le commissaire de l'Hôpital et fait ensuite escorter jusqu'à leur caserne ceux qu'on ne serait pas venu chercher. Il en rend compte au rapport à la Majorité, pour que le sous-officier en défaut soit puni, s'il y a lieu.

Les dispositions qui précèdent n'empêchent pas que, dans les cas extraordinaires, il ne satisfasse aux ordres que peut lui donner le commissaire de l'Hôpital, s'il était nécessaire qu'un homme sortit à une heure autre que celle fixée par l'exéat.

Art. 16.

Le sergent est chargé de s'assurer du bon état de conservation et de la propreté des latrines affectées à la troupe.

Art. 17.

Les malades que l'on porte à l'Hôpital sont de suite conduits dans les salles par un des caporaux de garde; en revenant de conduire ces malades, le caporal remet leurs billets d'entrée au commis aux entrées.

Lorsque des malades sont entrés sans billet, le caporal conduit à ce commis les hommes qui les ont portés pour obtenir d'eux les renseignements dont on peut avoir besoin.

Les malades qui entrent à l'Hôpital sans être accompagnés par un chef sont présentés au bureau du commissaire de l'Hôpital par un des caporaux de garde, qui remet leur billet d'entrée au commis dont il vient d'être parlé et les conduit ensuite, s'il y a lieu, dans les salles où ils doivent être placés.

Art. 18.

Le chef de poste fait prendre les armes à la garde, toutes les fois qu'une troupe armée ou un enterrement militaire entre ou sort de l'Hôpital.

Art. 19.

Chaque jour un sergent est désigné pour être de planton à l'Hôpital ; il reçoit sa consigne du commissaire de l'Hôpital.

DES SENTINELLES.

Art. 20.

Sentinelles. 1° Il est posé une sentinelle devant les armes, de jour et de nuit; elle empêche les malades de s'approcher de la grille et ne laisse ni laver ni prendre de l'eau dans les fossés.

2° Une seconde sentinelle de jour et de nuit placée à

l'angle du mur de la salle n° 3, empêche toute communication avec l'extérieur. Dans le jour, elle se porte de temps à autre au coin du mur près de la guérite, pour faire éloigner les malades qui se trouvent près de la grille qui se prolonge jusqu'à l'angle de la partie circulaire.

Elle veille à ce que rien ne soit jeté du dehors en dedans de l'établissement.

Du coup de canon de retraite à celui de diane, elle est placée à demi distance du jardin et de la grille de façade; sa consigne est la même.

3° Une troisième sentinelle, de nuit et de jour, posée à l'angle du mur, près l'école de médecine et l'amphithéâtre, en dedans du mur d'enceinte, empêche les malades d'approcher de la grille ; elle veille aussi à ce que rien ne soit jeté de dehors en dedans.

Du coup de canon de retraite à celui de diane, elle occupe la guérite placée près de la buanderie.

4° Une sentinelle, de nuit seulement, à la porte intérieure de la salle des consignés, s'oppose à toute évasion de la part des hommes détenus dans cette salle.

5° Pendant l'office divin et la durée des cérémonies qui ont lieu à l'Hôpital, aucun malade ne peut circuler ni rester dans la cour de cet établissement. Pour l'exécution de ces dispositions, le chef de poste détache un caporal de la garde et lui prescrit de faire rentrer dans leurs salles respectives les malades qui sont dans la cour, à moins qu'ils ne préfèrent aller à la chapelle.

Les dimanches et jours de fête, aux heures des offices, deux sentinelles, l'une au bas de l'escalier du dôme, l'autre à l'entrée de la chapelle, maintiennent l'ordre et le silence pendant la durée du service religieux.

DES RONDES ET PATROUILLES.

Art. 21.

Rondes et patrouilles.

Le chef du poste désigne chaque jour une patrouille, composée d'un caporal et de deux hommes, qui doit parcourir, une fois le matin et une fois le soir, les parties avoisinantes de la salle des galeux et des vénériens, afin de veiller à ce que les malades ne sortent qu'aux heures prescrites et ne se promènent que dans l'espace déterminé par le commissaire de l'Hôpital.

ART. 22.

Entre onze heures et minuit, en toute saison, le chef du poste fait une ronde dans laquelle il parcourt l'intérieur de l'Hôpital et visite les sentinelles. Du 1er novembre au 1er mai, il fait une semblable ronde à trois heures du matin.

NOTA. — Il est expressément recommandé aux chefs de postes, sous leur responsabilité personnelle, de veiller à la conservation et au parfait état de la consigne du poste. Toute infraction à cet égard est punie de la salle de police.

CHAPITRE XI.

POSTE DU VERGEROUX.

DU CHEF DE POSTE.

ARTICLE 1er.

Chef de poste. Dans aucune circonstance, l'officier ou sous-officier chef de poste ne peut le quitter pour venir en ville, ou s'en éloigner à plus de six cents mètres, sans une permission spéciale du Major-général.

Il ne doit jamais être absent de son poste pendant la nuit, s'il n'a été préalablement remplacé.

Il ne peut donner aux canonniers la permission de s'absenter que pour une nécessité de service et jamais dans un but de promenade.

ART. 2.

Il y a chaque jour six canonniers de garde commandés alternativement par le maréchal-des-logis et un brigadier, si le poste est sous les ordres d'un officier, et par un brigadier et un canonnier, dans le cas contraire.

La tenue des hommes de garde est toujours en veste, schako et giberne, la capote n'étant portée qu'en raison de la saison.

Les canonniers placés en faction auprès de la poudrière sont armés de leur sabre.

Les canonniers qui ne sont pas de garde sont en tenue de corvée et mis à la disposition du capitaine adjoint à la Direction de l'artillerie, toutes les fois qu'il y a des mouvements de poudre à exécuter.

ART. 3.

Tous les deux jours, le chef de poste envoie à l'heure fixée, à la Majorité-générale, son rapport écrit et circonstancié sur les événements survenus depuis l'avant-veille. Ce rapport est porté par un brigadier ou premier canonnier, qui rapporte les mots d'ordre pour les deux jours suivants. Ce brigadier ou premier canonnier est chargé en même temps des provisions à faire pour le poste. S'il doit apporter du bois et de la chandelle, il s'adresse à la Direction des mouvements du Port pour obtenir un moyen de transport, et accompagne ces objets dans la chaloupe. En cas de difficultés pour cet embarquement, il en rend compte immédiatement à l'officier de service à la Majorité-générale.

Le chef de poste fait déposer le bois dans le bûcher ; il en garde la clef et assiste lui-même à sa distribution.

ART. 4.

Il donne tous les soirs les mots d'ordre et de ralliement au maréchal-des-logis ou brigadier.

ART. 5.

Le préposé des douanes, de service sur le pont du Vergeroux, veille à ce qu'il n'y soit fait aucune dégradation. Tout individu pris en flagrant délit, quel qu'il soit, est conduit devant le chef du poste militaire, qui prend ses noms et qualités, ainsi que tous les renseignements propres à le faire reconnaître, et les transmet au Major-général pour poursuivre le remboursement des dégradations, s'il y a lieu.

ART. 6.

Afin d'éviter les avaries, après le coup de canon du soir et jusqu'à celui du matin, aucun bâtiment ne peut s'amarrer sur le pont du Vergeroux.

ART. 7.

Lorsque des poudres doivent être embarquées ou débarquées, les mesures de précautions suivantes sont rigoureusement exécutées par l'officier ou sous-officier commandant le poste :

1° Quand ce travail a lieu au pont du Vergeroux, aucune embarcation ne peut y aborder, et personne, sauf les hommes employés au service des poudres, ne peut y passer.

Sont exceptés de cette mesure, les employés de la douane, qui sont obligés d'assister aux embarquements et débarquements de toutes espèces d'objets et de surveiller la circulation des poudres.

Tout bâtiment de guerre, de commerce et de douane doit s'éloigner pendant toute la durée de l'opération.

2° Le chef de poste s'entend avec l'officier ou sous-officier chargé de l'embarquement ou du débarquement des poudres, pour placer des sentinelles sur tous les points où elles sont nécessaires, afin d'assurer l'exécution de l'article précédent.

3° Lorsqu'un bateau chargé de poudre est placé près du pont, l'officier d'artillerie chargé de procéder à son chargement ou déchargement fait hisser un pavillon rouge sur l'extrémité de ce pont pour indiquer qu'aucune embarcation ne doit accoster pendant que ce pavillon flotte ; il est donné des instructions dans ce sens aux sentinelles posées dans le voisinage du pont.

4° Lorsque des poudres expédiées d'Angoulême à Rochefort doivent être emmagasinées au Vergeroux, le chef de poste place un canonnier de surveillance à bord de la gabare qui les porte, aussitôt qu'elle est mouillée et que le gendarme d'escorte a reçu sa décharge.

ART. 8.

L'officier ou sous-officier de garde prête main-forte au gardien du fort chaque fois que celui-ci le requiert pour le bien du service, afin d'empêcher toute dégradation aux fortifications ou aux bâtiments militaires ; il fait prendre les noms des individus qui, malgré les avertissements du gardien, continuent à détériorer les bâtiments.

ART. 9.

Il fait donner main-forte aux personnes qui peuvent en avoir besoin et détenir, s'il y a lieu, les délinquants. Si le cas est grave, il en prévient immédiatement le Major-général.

ART. 10.

En cas de plaintes portées contre les soldats de sa garde, il fait toutes les perquisitions possibles pour découvrir les coupables, qui sont aussitôt mis en prison. Il fait arrêter les filles de mauvaise vie qui sont surprises avec les militaires, et rend compte à la Majorité-générale des mesures prises par lui à cet égard.

ART. 11.

Il reçoit en consigne ou met en dépôt les effets provenant des bâtiments de l'Etat mouillés en rade ou en rivière, et ceux destinés à ces bâtiments qui peuvent lui être confiés.

ART. 12.

Il exige que les bailles à incendie soient toujours pleines ; l'eau en est renouvelée le mercredi et le samedi.

ART. 13.

L'officier ou sous-officier commandant le poste donne ou fait prendre lecture au maréchal-des-logis ou brigadier placé sous ses ordres, de la partie de la consigne qui le concerne.

DES SENTINELLES.

Art. 14.

Sentinelles.

Il est posé une sentinelle de jour et de nuit, armée de son sabre : 1° à la porte du sud ; 2° à celle du nord de la poudrière. Elles font éloigner, à la portée d'un coup de fusil à balle, du magasin à poudre, les chasseurs, fumeurs et les personnes qui veulent faire du feu.

Elles laissent circuler librement sur les routes qui conduisent à la grève ou au quai, mais arrêtent les individus qui commettent des désordres, des détériorations aux bâtiments, ou qui leur paraissent suspects.

Elles se promènent de manière à dépasser la poudrière pour veiller aux façades est et ouest, et ne laissent approcher personne, pendant la nuit, à moins de cinquante pas de distance, excepté les rondes et patrouilles qui se sont fait reconnaître.

Ces deux sentinelles appellent la garde pour prêter main-forte lorsqu'elle est demandée par les patrons de canots ou chaloupes amarrés au port.

Celle placée du côté de la porte de la poudrière a, en outre, pour consigne de ne laisser ouvrir cette porte qu'en présence d'un officier de la Direction ou d'un garde d'artillerie ; dans ce cas, elle est gardée par un brigadier et deux canonniers qui empêchent qu'on y entre avec de la lumière ; ils veillent également à ce que les canonniers laissent leurs souliers à la porte de la poudrière, et ôtent de leurs poches tout objet qui peut mettre le feu.

RONDES ET PATROUILLES.

Art. 15.

Des rondes et patrouilles.

Il est fait toutes les nuits quatre rondes dans les environs du poste de la poudrière ; elles côtoient aussi la rivière, sans cependant trop s'éloigner du poste.

Ces rondes ont pour objet d'arrêter les vagabonds et de prévenir tout débarquement clandestin.

Chacune de ces rondes est composée de trois hommes et d'un brigadier ; l'officier ou sous-officier commandant le poste fixe les heures auxquelles il juge convenable qu'elles soient faites.

NOTA. — Il est expressément recommandé aux chefs de postes, sous leur responsabilité personnelle, de veiller à la conservation et au parfait état de la consigne du poste. Toute infraction à cet égard est punie de la salle police.

TITRE III.

SERVICE

DE LA

GENDARMERIE MARITIME.

CHAPITRE I.

CONSIGNE POUR LE PIQUET FOURNI A LA PORTE DU SOLEIL.

Outre les obligations imposées aux sous-officiers et gendarmes de la 4me compagnie de gendarmerie maritime, par les articles 228 à 250 de l'ordonnance du 29 octobre 1820, ils sont aussi appelés à faire, dans le Port, le service dont le détail va suivre.

ARTICLE 1er.

Composition du piquet formé à la porte du Soleil.

Cette compagnie fournit chaque jour pour le service de l'Arsenal, d'un coup de canon à l'autre, un piquet commandé par un maréchal-des-logis et composé comme il suit :

Maréchal-des-logis.	1	
Brigadiers.	2	12
Gendarmes	9	

Ce nombre d'hommes est réparti de la manière suivante pour le service journalier :

Avant-garde.	Gendarme	1	12
A l'arrière-garde. . .	Gendarme	1	
A la porte du Nord. .	Gendarme	1	
En patrouille dans l'Arsenal.	Brigadier.	1	
	Gendarmes.	3	
De service à la porte du Soleil	Maréchal des logis.	1	
	Brigadier.	1	
	Gendarmes.	3	

Art. 2.

Devoirs des gendarmes dans le Port.

La gendarmerie dans l'Arsenal prête main-forte à tous les employés de la marine et autres ; elle prévient et réprime les abus, empêche les vols qui peuvent se commettre, maintient le bon ordre et dresse procès-verbal contre tout individu pris en flagrant délit ; elle obtempère à toutes réquisitions légales qui lui sont adressées par les chefs de corps ou de service.

Art. 3.

Rondes et patrouilles.

De trois heures en trois heures, une patrouille de trois gendarmes et d'un brigadier parcourt séparément toutes les parties de l'Arsenal, entre dans tous les ateliers, visite les cales et chantiers de construction, ainsi que les dépôts de bois, pour s'assurer que tout y est en ordre.

Quand la gendarmerie doit faire quelques perquisitions ou arrestations dans les ateliers, le chef de l'établissement en est prévenu par le chef de patrouille.

Art. 4.

Défense de fumer en dehors des localités désignées.

Dans le parcours de ces patrouilles, les sous-officiers et gendarmes ne laissent fumer que dans les lieux où il est permis de le faire.

Art. 5.

Les individus trouvés dans le Port sans y être autorisés sont arrêtés.

Ils arrêtent et conduisent à la Majorité-générale les individus entrés dans l'Arsenal en dehors des règles prescrites aux articles 20 et suivants.

ART. 6.

Surveillance des ouvriers pendant les heures de travail.

Ils reconduisent dans leurs ateliers les ouvriers qui circulent dans le Port pendant les heures de travail sans une raison de service, et en rendent compte au chef du service auquel ils appartiennent. Ils prennent les noms des ouvriers ou employés dans l'Arsenal qui se trouvent sans autorisation à bord des bâtiments du commerce, pour les haler ou pour y travailler, et les signalent le lendemain au rapport.

ART. 7.

Ils empêchent de laver derrière l'atelier des forges.

Ils empêchent de laver dans le courant d'eau chaude qui se trouve derrière l'atelier des forges

ART. 8.

Les députations et réunions d'ouvriers ne peuvent avoir lieu sans autorisation.

Ils s'opposent à ce que les réunions d'ouvriers se portent en députation chez le Préfet maritime ou chez d'autres chefs de service, sans en avoir l'autorisation. Dans le cas où la gendarmerie n'est pas en force, elle doit requérir les militaires des postes les plus voisins, les employés de la marine et les ouvriers de l'Arsenal pour lui prêter main-forte.

ART. 9.

Défense de se baigner dans le Port.

Ils empêchent de se baigner dans le Port; les contrevenants sont conduits à Saint-Maurice. Compte en est rendu à la Majorité-générale, ainsi qu'au chef du service, auquel appartient le délinquant.

ART. 10.

Surveillance des marins du commerce dans le Port.

Ils s'opposent à ce que les marins du commerce dont le navire est dans le Port circulent dans l'Arsenal; tous ceux qui sont rencontrés en dehors du chemin conduisant directement du navire à la porte du Soleil, ou à la coquerie affectée à la préparation des aliments de l'équipage, sont arrêtés et détenus dans le poste le plus voisin jusqu'à ce que le Major-général en ait informé le Préfet maritime et en ait reçu des ordres.

ART. 11.

Service à la porte du Soleil.

Depuis le coup de canon de diane jusqu'à celui de retraite, un gendarme se tient en surveillance à la porte du Soleil; il doit prêter main-forte aux gardiens et s'opposer à ce que rien ne sorte de l'Arsenal sans une autorisation légale. Il empêche les étrangers à la marine d'entrer dans l'Arsenal, s'ils ne sont porteurs des permis prescrits par les articles 20 et suivants. Il rend un compte exact au chef de poste de toutes les infractions dont il s'aperçoit, afin que celui-ci puisse les consigner sur son rapport journalier. Un gendarme est détaché de ce poste à la porte Rouge pour surveiller cette partie de l'Arsenal.

ART. 12.

Service à la porte du Nord.

Le même service est fait à la porte du Nord. Le passage de cette porte n'est permis qu'aux personnes indiquées dans l'article 26; aux maîtres du Port, pour le besoin du service et aux sous-officiers, soldats, ouvriers et employés de la Direction de l'artillerie; cette porte est interdite aux ouvriers des autres Directions, sauf le cas où il y aurait à porter des gabarits à la fonderie.

Elle est également interdite aux militaires du poste, qui ne peuvent la franchir que pour un service commandé.

Les personnes de la ville qui demandent à parler au Directeur de l'artillerie, sont conduites à son bureau par le gendarme de service, qui s'assure de leur sortie par cette même porte.

ART. 13.

Service au poste de l'avant-garde.

Le gendarme de service à l'avant-garde accompagne le gardien, pour visiter les bâtiments et embarcations du commerce sortant du Port après y avoir séjourné; il en est de même pour les bâtiments de l'État et les embarcations non montées par des officiers.

Le passage sur ce point est interdit, à moins que ce ne soit pour une cause de service. Cette défense ne concerne pas les officiers des différents corps de la marine en uniforme, et les ingénieurs des travaux hydrauliques munis de leur carte d'entrée permanente.

Le gendarme qui accompagne le gardien dans la visite des bâtiments, s'informe, auprès du capitaine, s'il y a de la poudre à bord; dans le cas de l'affirmative, il fait mouiller le bâtiment jusqu'à ce que les formalités voulues, pour le débarquement de cette poudre soient accomplies; il ne fait aucune perquisition par lui-même et se borne à prendre note des réponses du capitaine.

Aucun navire ou embarcation n'appartenant pas à l'État ne peut entrer dans l'Arsenal ou en sortir sans un billet de passe de la Direction des mouvements du Port.

Le gendarme de service au poste flottant de l'avant-garde prévient les capitaines des bâtiments mouillés devant l'artifice qu'il est défendu d'amarrer quoi que ce soit sur l'appontement, les arbres et l'entourage de cet établissement.

ART. 14.

Service à l'arrière-garde.

Le service de l'arrière-garde est le même que celui indiqué ci-dessus (art. 13), pour l'avant-garde.

Les navires et embarcations du commerce qui remontent la Charente, après avoir séjourné dans le Port, sont visités; il en est de même de ceux de l'État et des embarcations qui ne sont pas commandées par un officier. Le passage sur ce point est aussi interdit, sauf les exceptions mentionnées à l'article 13.

ART. 15.

Service à la Fonderie et aux Subsistances.

Aux heures de la débauchée, il est envoyé un gendarme à la Fonderie et un à l'établissement des Vivres, pour maintenir l'ordre pendant la sortie des ouvriers et empêcher qu'il ne soit rien soustrait de ces établissements.

ART. 16.

Service au jardin de la Préfecture.

Chaque soir, depuis la débauchée jusqu'à l'heure de la fermeture des grilles du jardin, il est fourni un brigadier et deux gendarmes pour prévenir les vols qui peuvent se commettre par-dessus le mur d'enceinte de l'Arsenal, dans l'allée qui va du jardin botanique à la Préfecture, empêcher de fumer dans cette allée, et veiller à ce qu'il ne soit fait aucune dégradation dans le jardin.

En cas d'arrestation, le coupable est conduit au poste de la Préfecture et confié au chef de poste. Compte en est immédiatement rendu au Major-général.

ART. 17.

Entrée des ouvriers dans l'Arsenal.

Lors de l'entrée des ouvriers dans l'Arsenal, les sous-officiers et gendarmes disponibles à la porte du Soleil veillent, avec la plus grande attention, à ce qu'il ne se glisse pas dans la foule des étrangers cherchant à entrer dans le Port.

Les ouvriers ne doivent se servir que de paniers découverts pour introduire leurs vivres dans l'Arsenal.

ART. 18.

Sortie des ouvriers.

Au moment de la sortie des ouvriers, un maréchal-des-logis, deux brigadiers et six gendarmes se tiennent toujours à la porte du Soleil pour aider la garde et les gardiens à maintenir le bon ordre et empêcher qu'il ne soit rien soustrait de l'Arsenal ; s'ils s'aperçoivent de quelque vol, celui qui s'en est rendu coupable est arrêté et conduit dans le poste de la gendarmerie pour être fouillé par un gardien en présence du maréchal-des-logis ou d'un brigadier ; les objets trouvés sur le délinquant sont saisis et portés, avec le rapport du chef de poste, au greffe du tribunal maritime ; le coupable est conduit à la prison de Saint-Maurice. Compte en est rendu au rapport.

Lorsque la sortie des ouvriers est terminée, deux patrouilles parcourent immédiatement toutes les parties de l'Arsenal pour en faire sortir les individus qui y seraient restés sans avoir été désignés pour un service commandé, et s'assurer de la fermeture des portes des ateliers et magasins.

Elles s'assurent aussi que tous les feux sont éteints.

ART. 19.

Gendarmes accompagnant des personnes dans l'Arsenal.

La gendarmerie fournit chaque jour, depuis huit heures et demie du matin jusqu'à neuf heures et demie et de une heure à deux heures de l'après-midi, un sous-officier et quatre gendarmes pour accompagner dans l'Arsenal les personnes qui ont obtenu l'autorisation de le visiter.

Les gendarmes doivent accompagner constamment les personnes qu'ils sont chargés de conduire et ne les quitter qu'à leur sortie de l'Arsenal, qui a toujours lieu par la porte du Soleil. Ils ne les font monter à bord des bâtiments qu'après en avoir demandé la permission aux officiers ou maîtres de garde.

ART. 20.

Personnes qui ont la libre entrée de l'Arsenal.

L'entrée de l'Arsenal et des établissements de la marine est permise d'une manière générale :

1° Aux marins et militaires de toutes armes et de tout grade en uniforme, aux ecclésiastiques en costume et aux ingénieurs des travaux hydrauliques munis d'une carte d'entrée permanente délivrée par le Major-général ;

2° Aux autorités civiles qui n'ont pas l'habitude de porter le costume officiel, et aux officiers en retraite, munis d'une permission du Major-général ; cette permission, valable pour six mois, est personnelle ;

3° Aux personnes non astreintes à l'uniforme faisant partie, à un titre quelconque, du personnel employé dans l'Arsenal et dans les établissements de la marine, pourvues d'une carte d'entrée délivrée par le chef de service dont elles dépendent et visée par le Major-général.

ART. 21.

Personnes accompagnées d'un officier de la marine.

Les officiers des différents corps de la marine en uniforme, les aumôniers de la flotte et les ingénieurs des travaux hydrauliques, munis de leur carte, peuvent seuls introduire dans l'Arsenal et ses annexes, les personnes qu'ils accompagnent, sous la condition expresse de rester constamment avec elles jusqu'à leur sortie.

Toute autre personne qui désire introduire des étrangers, doit se pourvoir à la Majorité-générale d'une permission spéciale.

Ces dispositions ne sont pas applicables au cas où les personnes à introduire sont étrangères de nation (v. art. 25).

ART. 22.

Fournisseurs.

L'entrée de l'Arsenal est encore accordée aux fournisseurs munis d'une carte délivrée par le commissaire aux approvisionnements et visée par le Major-général, ainsi qu'aux commis et hommes de peine de ces fournisseurs, qui doivent toujours les accompagner à l'entrée et à la sortie.

ART. 23.

Employés des douanes et de l'octroi.

Les employés des douanes en uniforme et les préposés de l'octroi, sur la présentation de leur commission, sont également admis à pénétrer, sans permission, dans l'Arsenal pour l'exécution de leur service.

ART. 24.

Personnes en dehors des catégories précédentes.

En dehors des catégories ci-dessus mentionnées, nul ne peut entrer dans l'Arsenal sans une permission de la Majorité-générale, ni dans un établissement de la marine situé hors de l'Arsenal, sans une permission du chef compétent.

Ces permissions ne sont valables que pour le jour où elles ont été délivrées.

Elles sont remises aux gardiens à la sortie ; les personnes qui en sont porteurs les présentent à toute réquisition pendant le cours de leur visite.

ART. 25.

Etrangers de nation.

Les étrangers de nation ne sont admis dans l'Arsenal et ses dépendances, qu'accompagnés d'un aide-de-camp du Préfet maritime, d'un officier de la Majorité-générale, ou d'une personne munie d'une permission spéciale, délivrée par le Préfet maritime, sur laquelle est indiquée la nationalité de l'étranger.

ART. 26.

Défense de passer par la porte du Nord et d'entrer en voiture dans l'Arsenal.

Les personnes qui visitent le Port doivent entrer et sortir par la porte du Soleil, à moins d'une autorisation spéciale de passer par la porte du Nord.

Il n'est fait d'exception à cette règle, que pour les personnes mentionnées aux paragraphes 1 et 2 de l'article 20 ayant rang d'officier, ainsi que pour leur société.

L'entrée en voiture dans l'Arsenal ne peut être autorisée que dans des cas extraordinaires par le Préfet maritime ou le Major-général, qui donne alors une permission spéciale ou un ordre verbal transmis par un aide-de-camp ou un officier de la Majorité-générale.

ART. 27.

Surveillance des chargements des caissons de copeaux et de leur sortie.

Chaque jour, et sur la demande de l'agent des constructions navales qui dirige le chargement des caissons de copeaux, le maréchal-des-logis de service à la porte du Soleil désigne un gendarme pour suivre cette opération et empêcher qu'on introduise dans les caissons d'autres matières que celles qui doivent y être placées. Un registre tenu au poste indique chaque jour le nom du gendarme affecté à ce service. Immédiatement après le chargement, ces caissons, accompagnés des personnes qui ont assisté à l'opération, sont conduits derrière le poste de la gendarmerie et placés de manière à être surveillés par les gendarmes et portiers de service, afin qu'on n'y introduise pas après coup des objets soustraits à l'Arsenal. Les caissons doivent sortir de l'Arsenal dans la journée même de leur chargement.

ART. 28.

Jours de paie des ouvriers.

Le jour de la solde des ouvriers, il est fourni un nombre suffisant de gendarmes, commandés par un brigadier, pour maintenir le bon ordre pendant la paie; ce brigadier se conforme aux réquisitions du commissaire aux travaux ou de son représentant.

ART. 29.

Lorsqu'un événement quelconque arrive dans l'Arsenal, le chef du poste doit en informer immédiatement le Major-général et le commandant de la gendarmerie. Il en est fait mention au rapport.

Compte rendu de tout événement.

ART. 30.

En cas d'émeute ou d'incendie dans l'Arsenal, tous les gendarmes de la compagnie, moins les plantons des casernes, doivent se rendre en armes devant la porte du Soleil et y attendre les ordres du Major-général.

Emeute ou incendie.

Après l'alerte ou l'incendie, des patrouilles sont faites dans toutes les parties de l'Arsenal par des brigades de gendarmerie pour faire sortir les personnes étrangères à la marine qui s'y seraient introduites et rechercher les auteurs des événements survenus.

ART. 31.

Pendant les heures de travail, les ouvriers ne peuvent sortir de l'Arsenal sans une permission signée de leurs chefs. Il en est de même pour les marins des bâtiments en armement ; toutefois, ils sont autorisés à aller fumer sur la place de La Galissonnière immédiatement après leurs repas.

Sortie des ouvriers pendant les heures de travail.

ART. 32.

Lorsque la mise à l'eau d'un bâtiment doit avoir lieu, tous les sous-officiers et gendarmes disponibles dans les casernes se rendent en armes et sous les ordres du lieutenant de la compagnie sur le lieu du lancement pour y maintenir le bon ordre ; une consigne de circonstance est donnée par le Major-général.

Mise à l'eau de bâtiments.

L'opération terminée, des patrouilles sont faites dans toutes les parties de l'Arsenal pour en faire sortir les personnes étrangères à la marine.

ART. 33.

Chaque matin, à six heures, deux gendarmes se

Sortie des marins de l'hôpital.

rendent à l'Hôpital pour prendre les marins qui ont leur *exeat* et les conduisent à bord de leur bâtiment, s'il est dans le Port.

Si ce bâtiment est sur rade ou en rivière, les gendarmes conduisent les malades à leur poste de la porte du Soleil, et le maréchal-des-logis les fait diriger en temps utile à bord de la canonnière de service.

ART. 34.

Rapport journalier.

A l'heure fixée, il est adressé au Major-général un rapport détaillé du service fait pendant les 24 heures écoulées.

ART. 35.

Lecture de la présente consigne.

La présente consigne doit être lue chaque jour au poste de la porte du Soleil, jusqu'à ce que tous les gendarmes appelés à en assurer l'exécution soient bien pénétrés des prescriptions qu'elle contient.

CHAPITRE II.

CONSIGNE DU POSTE DE SAINT-MAURICE.

ART. 36.

Surveillance intérieure et extérieure.

Le service des gendarmes, composant le poste de l'ancienne buanderie de la marine, consiste à exercer la plus grande surveillance, tant à l'intérieur qu'à l'extérieur de cet établissement, qui est contigu au Port.

ART. 37.

Rondes.

Ils font des rondes fréquentes de jour et de nuit, depuis le lieu qu'ils habitent jusqu'à la fosse aux mâts, à l'effet de prévenir toute tentative contre la sûreté de l'Arsenal et empêcher les vols qui pourraient s'y commettre.

ART. 38.

Propreté de la place.

Ils tiennent la main à ce qu'il ne soit déposé aucune immondice sur la place, et à ce qu'il n'y soit pas mis du linge au sec.

CHAPITRE III.

CONSIGNE POUR LE POSTE DU RAZ.

ART. 39.

Le poste du Raz est occupé par un brigadier et deux gendarmes ; ces trois militaires sont relevés le 1er de chaque mois et remplacés par un même nombre d'hommes.

Composition du poste.

ART. 40.

En outre des obligations imposées à la gendarmerie maritime, par les art. 235, 236 et suivants de l'ordonnance du 29 octobre 1820 sur le service de l'arme, le brigadier et les deux gendarmes doivent faire de fréquentes rondes de jour et de nuit, depuis l'avant-garde jusqu'à l'arrière-garde, à l'effet de prévenir toute tentative contre la sûreté de l'Arsenal et d'empêcher les vols qui peuvent se commettre sur la rive gauche du fleuve.

Chaque jour, à l'heure du rapport, il est rendu compte du service fait pendant les 24 heures écoulées.

ART. 41.

De jour et de nuit, il doit y avoir, aussi souvent que possible, un de ces trois militaires en surveillance.

Gendarme de surveillance.

ART. 42.

Les rondes de nuit doivent se faire sans fanal et particulièrement à la marée haute.

Les rondes de nuit se font sans fanaux.

ART. 43.

Le service journalier de ce poste consiste :

Service journalier.

1° A surveiller les navires de commerce qui montent ou qui descendent la rivière, afin d'empêcher toute communication avec ceux du Port ou avec les embarcations de l'Arsenal, à l'exception de celles de l'avantet de l'arrière-garde ; s'il en est autrement, le brigadier en prévient immédiatement le gendarme et le gardien de service à l'un de ces deux postes pour qu'il soit fait des recherches à bord de ces navires ; compte en est rendu de suite à la Majorité-générale, en indiquant le nom du contrevenant ainsi que le nom du navire.

2° A empêcher tout marin, militaire et ouvrier de débarquer sur la rive gauche de la Charente, à moins que ce ne soit pour le service ou qu'ils ne soient porteurs d'un ordre ou d'une permission en bonne forme de la Majorité ou de la Direction des mouvements du Port.

3° D'empêcher toutes les embarcations du Port d'accoster la rive gauche du fleuve, à moins que ce ne soit pour le service ou qu'elles ne soient montées par des officiers.

4° D'arrêter tout individu qui tenterait d'enlever des objets appartenant à l'État.

5° De surveiller les fosses aux mâts et d'empêcher qu'il n'en soit rien détourné.

ART. 44.

Arrestations. Les malfaiteurs, déserteurs ou autres, arrêtés, sont déposés, soit de jour, soit de nuit, dans le poste de la troupe, près celui de la gendarmerie, en attendant les ordres du Major-général.

ART. 45.

Les gardiens des fosses aux mâts, de l'amiral et de l'arrière-garde prêtent assistance aux gendarmes. Les gardiens des fosses aux mâts doivent obtempérer aux réquisitions de la gendarmerie lorsqu'il s'agit de lui prêter main-forte ; ceux du bâtiment-amiral et de l'arrière-garde doivent fournir les moyens de passage à la gendarmerie.

ART. 46.

Incendie dans l'Arsenal ou en ville. Si le brigadier ou le gendarme de service pendant la nuit aperçoit un incendie, il en prévient de suite, au moyen d'un porte-voix, le gardien du bâtiment-amiral, en lui prescrivant d'informer immédiatement l'officier commandant les postes.

Si l'incendie est dans l'Arsenal, il est envoyé immédiatement un renfort de trois gendarmes ou militaires d'infanterie pour augmenter la surveillance sur la rive gauche de la Charente, et empêcher qui que ce soit d'y débarquer sans un ordre du Major-général.

TITRE IV.

CONSIGNE

POUR LES PORTIERS, GARDIENS

DES ISSUES DE L'ARSENAL

En tout ce qui se rattache aux mouvements et à la conservation du matériel, ainsi qu'aux entrées et sorties des ouvriers et des personnes étrangères à la marine.

CHAPITRE Ier.

DISPOSITIONS GÉNÉRALES.

ARTICLE 1er.

Les gardiens et portiers sont sous les ordres immédiats du Commissaire aux travaux.

Les gardiens et portiers de toutes classes, chargés d'exercer la surveillance des entrées et des sorties aux grilles et issues des arsenaux maritimes et de leurs dépendances, sont placés sous les ordres immédiats du commissaire aux travaux.

ART. 2.

Ils viennent pour l'ordre, le matin et le soir, à la porte du Soleil.

Tous les matins avant le son de cloche d'entrée, les gardiens de service, réunis à la porte du Soleil, reçoivent du gardien-major un ordre pour le service qu'ils ont à exercer pendant le jour.

Tous les soirs, un ordre pareil est donné pour le service de nuit ; sont dispensés de venir recevoir l'ordre, les gardiens en résidence fixe et ceux employés dans des postes autres que les issues de l'Arsenal proprement dites. Les ordres sont consignés sur un registre ; chaque soir, il est fait mention des résultats de la surveillance journalière, et, chaque matin, de la surveillance du service de nuit.

ART. 3.

Les portiers-consignes qui trouvent, dans l'accomplissement de leurs devoirs, de l'opposition ou de la résistance de la part des personnes se présentant aux grilles de l'Arsenal, sont autorisés à requérir les secours de la force armée ; ils en rendent compte au Major-général, au commissaire aux travaux, au commissaire-général et au commissaire-rapporteur du tribunal maritime, s'il y a lieu.

Ils requièrent la force armée en cas de besoin, et rendent compte.

ART. 4.

Il est expressément recommandé aux portiers-consignes d'éviter tout froissement, dans les perquisitions qu'ils sont autorisés à faire pour arriver à prévenir les soustractions frauduleuses ou introductions prohibées qui peuvent être tentées par les personnes qui entrent dans l'Arsenal ou qui en sortent.

Perquisitions faites sur les personnes qui entrent ou sortent.

Mode d'opérer.

En cas de saisie en flagrant délit, ils sont autorisés à requérir l'assistance de la force armée pour arrêter les délinquants.

CHAPITRE II.

SERVICE DES PORTES POUR LES ENTRÉES ET SORTIES

DES OUVRIERS, ATTELAGES, FOURNISSEURS ET VISITEURS.

ART. 5.

Les heures d'entrée et de sortie des ouvriers sont déterminées par le réglement mis à exécution le 12 juin 1857.

Heures d'entrée et de sortie des ouvriers.

ART. 6.

Ouverture des portes.

Chaque jour, à l'heure indiquée par le réglement sur les heures de travail, les cloches de la Tour Saint-Louis, de la Direction d'Artillerie, de la Fonderie et de la Direction des Subsistances sonnent pendant un quart d'heure pour annoncer l'appel des ouvriers. A ce son de cloche, les grilles sont ouvertes pour l'entrée dans l'Arsenal.

ART. 7.

L'ouverture et la fermeture des portes de l'Arsenal est sous la responsabilité des chefs de postes de ces portes.

L'ouverture et la fermeture des portes de l'Arsenal est sous la responsabilité de l'officier et des chefs de postes des différentes portes; les portiers doivent obtempérer à toute réquisition qui leur est faite à cet égard.

ART. 8.

Pendant le travail la grille de la porte intérieure du Soleil est fermée.

Pendant les heures de travail, la grille intérieure de la porte du Soleil est fermée ; on ne laisse ouvert dans le but de rendre la surveillance plus efficace, que l'un des deux guichets; à la porte du Nord, aux Subsistances et à la Fonderie, le guichet reste fermé sur le loquet. La grille de la porte du Soleil et la porte du Nord sont ouvertes de midi à deux heures pour l'introduction des marchandises destinées au magasin général.

ART. 9.

Service à la porte Rouge.

La porte Rouge, n'étant destinée à donner passage qu'aux officiers et ouvriers de l'artifice, est toujours fermée. Toutefois peuvent y passer, les personnes accompagnées d'un officier en uniforme ou d'un ingénieur des travaux hydrauliques muni d'une carte d'entrée permanente délivrée par le Major-général. Y passent également, les corvées commandées par un maître qui a un service à exécuter dans la prairie.

Le portier de cette issue tient la main à l'exécution de cette consigne et, en cas de résistance, il requiert le secours du poste militaire de l'avant-garde. La clef de cette porte est déposée, chaque soir, entre les mains du chef du poste de l'avant-garde, qui la remet au gardien au coup de canon du lendemain matin.

Art. 10.

Chaque soir, à quatre heures, le gardien qui couche dans l'enceinte des magasins de l'artifice reçoit le mot de ralliement du chef de poste de l'avant-garde.

Le gardien de l'artifice reçoit le mot du chef de poste de l'avant-garde.

Art. 11.

Pendant les heures de repos, aucun attelage ou voiture ne peut entrer dans l'Arsenal ou en sortir ; la grille intérieure de la porte du Soleil est ouverte pour le passage des officiers de service, des gardes montantes ou descendantes, et des corvées des équipages de la flotte.

Service de la grille de la porte du Soleil pendant les heures de repos.

La clef de la grille de la porte du Soleil est déposée au poste de l'officier lorsque le gardien est obligé de s'absenter pendant la nuit.

Art. 12.

Les ouvriers qui sont sortis à la débauchée de midi ne peuvent rentrer qu'à la cloche qui annonce la reprise des travaux.

Les ouvriers ne peuvent rentrer qu'à la reprise des travaux.

Art. 13.

Chaque jour, les portiers s'assurent que les attelages employés au service du Port entrent aux heures réglementaires ; le gardien-major remet au bureau des travaux une note indiquant le nombre et l'espèce des attelages dont l'entrée a été constatée.

Entrée des attelages.

Art. 14.

La porte d'entrée de la Fonderie est complétement fermée, même pendant les heures de travail ; elle n'est ouverte qu'à la demande des chefs d'ateliers pour l'introduction ou la sortie des matières, ou pour le passage des personnes appelées dans l'établissement pour le service.

Service à la porte de la Fonderie.

Art. 15.

Dix minutes avant le son de la cloche de sortie, les portiers ferment définitivement la grille intérieure de la porte du Soleil et ne laissent ouverts que les deux guichets.

Fermeture de la grille de la porte du Soleil dix minutes avant la sortie des ouvriers.

ART. 16.

Dépôt des marrons après la cloche de sortie.

Après le son de cloche annonçant la cessatiou des travaux pour la sortie de l'Arsenal, les ouvriers se dirigent vers les casiers et y déposent, dans leurs cases respectives, les marrons qu'ils ont reçus à leur arrivée aux chantiers ou ateliers.

ART. 17.

Ordre de sortie des ouvriers de l'Arsenal par la porte du Soleil.

Après le dépôt des marrons et au premier coup de cloche, le chef d'atelier conduit ses ouvriers et aides à la sortie en rang dans l'ordre d'appel. L'ordre de sortie par la porte du Soleil des hommes réunis dans chaque atelier ou chantier s'établit ainsi qu'il suit, savoir :

GUICHET DE DROITE

1° Les chantiers des nouvelles formes,
2° Les chantiers de constructions situés depuis l'entrée des formes jusqu'au chenal de la Cloche,
3° Les forges des bassins et la peinture,
4° Les boussoles et les journaliers de la Direction des mouvements du Port,
5° La corderie,
6° La garniture,
7° Les ouvriers de chantiers de port et de rade.
8° Les gabiers volants, chaloupiers et canotiers de la Direction des mouvements du Port,
9° Les ouvriers des travaux hydrauliques,
10° Les ouvriers employés aux bâtiments situés depuis le chenal de la Cloche jusqu'à la cale n° 7,
11° Les pompes et chaudronnerie,
12° Les chaloupes en radoub,
13° Les forges et la serrurerie,
14° Les machines ou ajustage,
15° La poulierie,
16° Les cabestans et gouvernails,
17° La tôlerie et le tuyautage,
18° La menuiserie et les grosses œuvres.

GUICHET DE GAUCHE.

19° Les ouvriers employés aux bâtiments situés depuis la cale n° 7 jusques et y compris la cale n° 10,

20° Les chaloupes en construction,

21° Les étoupes,

22° L'avironnerie et la gournablerie,

23° Les ouvriers employés à la machine à scier,

24° Transport et visite des bois,

25° Sculptures et petits modèles,

26° Les ateliers et dépôts du charpentage, du perçage et du calfatage,

27° Le magasin général,

28° La voilerie,

29° La matelasserie et la pavillonnerie,

30° Les ouvriers employés depuis la cale n° 10 jusqu'au canal de la tonnellerie,

31° Les forges de la mâture,

32° La mâture,

33° Les chantiers de l'autre côté du canal de la tonnellerie,

34° La tonnellerie et l'école de maistrance,

35° L'atelier des artifices,

36° Les apprentis des ateliers des coins.

ART. 18.

Ordre de sortie par la porte du Nord.

Les ouvriers de la Direction d'artillerie sortent par la porte du Nord dans l'ordre suivant :

1° Les ouvriers militaires,

2° Les ouvriers civils,

Les ouvriers de toute autre Direction ne peuvent sortir par cette issue à la cessation des travaux.

ART. 19.

Mode de procéder en cas d'arrestation au moment de la sortie.

Si les gardiens s'aperçoivent qu'un individu sortant de l'Arsenal est porteur de quelque objet soustrait, ils doivent l'arrêter et requérir les gendarmes de service pour faire entrer le délinquant dans le poste et l'y maintenir jusqu'à la sortie générale ; alors, en présence des gendarmes, ils procèdent à la visite de l'individu arrêté et font leur rapport à qui de droit.

Procès-verbal de saisie est dressé par la gendarmerie qui doit conduire le délinquant à la maison d'arrêt de la marine.

ART. 20.

Un maître entretenu de chaque direction veille à la sortie.

Un maître entretenu de chaque Direction assiste à la sortie des ouvriers pour veiller à l'exécution de cette mesure.

ART. 21.

Sorties à la Fonderie et aux Subsistances.

A la Fonderie et aux Subsistances, les ouvriers sortent également en rang et sous la surveillance de leurs maîtres et contre-maîtres.

ART. 22.

Les portiers et gardiens s'opposent à toute sortie de contre-maîtres, aides, ouvriers ou assimilés, en dehors des heures réglementaires.

Les portiers et gardiens, sous leur responsabilité personnelle, ne laissent sortir de l'Arsenal et dépendances, hors les heures réglementaires, aucun contre-maître, aide, ouvrier ou assimilé. Les maîtres entretenus ou contre-maîtres chefs d'ateliers peuvent seuls passer sur la présentation d'une carte personnelle qui leur est délivrée à cet effet.

Cette carte, portant le nom et la qualité du porteur, est signée du Directeur et visée par le Major-général ; tous les trois mois elle est retirée pour être, s'il y a lieu, supprimée ou renouvelée.

ART. 23.

Ouvriers munis d'une permission spéciale de sortie.

Les ouvriers qui, pour affaires particulières ou pour affaires de service, se présentent pour sortir de l'Arsenal pendant les heures de travail ne peuvent passer que sur la présentation d'une permission spéciale délivrée, sur la certification du maître, par l'officier chargé des chantiers où ils sont employés, et visée par son chef de service ou son représentant.

Ces permissions, qui restent entre les mains des portiers, sont annotées des heures de la sortie et de la rentrée des ouvriers, et remises à la fin de la journée, par les gardiens placés aux issues de l'Arsenal, au commissaire des travaux. Sont dispensés de ces billets de sortie, ainsi que des cartes mentionnées en l'article précédent, les journaliers officiellement connus comme remplissant les fonctions de gardiens dans les bureaux de l'Arsenal.

ART. 24.

Entrée et sortie des contre-maîtres et ouvriers chargés d'allumer les fourneaux des machines motrices des ateliers.

Les contre-maîtres et aides et les ouvriers chauffeurs de la Direction des constructions navales et de l'artillerie, chargés d'allumer les fourneaux pour mettre en mouvement les forces motrices des ateliers, entrent dans l'Arsenal au coup de canon de diane.

Ils ne peuvent sortir de l'Arsenal qu'à l'heure de la sortie générale s'ils ne remettent aux portiers une permission écrite.

ART. 25.

Sortie des attelages.

Les attelages employés aux travaux du Port sortent un quart d'heure avant la cloche de la débauchée des ouvriers ; ceux désignés pour charrier les menus copeaux délivrés aux ouvriers amènent les tombereaux qui en sont chargés une heure avant la cessation des travaux.

ART. 26.

Les ouvriers porteurs de gabarits peuvent sortir par la porte du Nord.

Pour éviter les retards dans l'exécution des travaux de la Fonderie, les ouvriers porteurs de gabarits et accompagnés d'un contre-maître responsable, communiquent directement par la porte du Nord avec l'Arsenal sans billet de sortie.

Les mêmes dispositions sont applicables aux ouvriers allant aux fosses aux mâts et aux bois de construction situées sur la rive gauche de la Charente, aux extrémités du Port.

ART. 27.

Sortie d'ouvriers malades ou blessés.

Tout ouvrier blessé ou atteint de maladie sur les travaux, en l'absence des officiers de la Direction, peut sortir immédiatement avec un billet du maître ou contre-maître sous les ordres duquel il travaille ; ce billet provisoire est, dans le plus bref délai, remplacé par un billet en règle remis au portier par le maître.

Les billets provisoires doivent mentionner les noms des ouvriers qui portent le blessé ou le malade ; les portiers y inscrivent l'heure de la sortie et de la rentrée desdits ouvriers.

ART. 28.

Pendant le repos les ouvriers ne peuvent sortir qu'au moment de la sortie générale.

Pendant l'heure du repos, les ouvriers ne peuvent sortir qu'au moment de la sortie générale, et dans l'ordre indiqué pour la sortie du soir.

La grille est refusée à tous ceux qui ne se sont pas présentés avec leur atelier et qui viennent isolément.

ART. 29.

Service à la grille de l'Hôpital.

Le portier de service à la grille de l'Hôpital veille à ce que les malades entrants soient toujours signalés au bureau du commis aux entrées. Il ne laisse entrer pour visiter l'établissement ou voir des malades que les personnes munies d'une autorisation du commissaire de l'hôpital ou de son représentant, ou qui sont accompagnées d'un officier ou d'un ingénieur des travaux hydrauliques porteur de sa carte.

L'introduction de vin, fruits ou tous autres aliments est prohibée d'une manière absolue ; en conséquence, il s'assure que les visiteurs ne sont porteurs d'aucun objet de cette espèce. Il est dépositaire de la clef de la grille pendant la nuit ; il ne la donne au sergent que si celui-ci la demande pour un service urgent ; dans ce cas, il en est fait mention au rapport du lendemain.

ART. 30.

Aucun malade ne peut sortir sans une permission.

Le portier de service veille à ce qu'aucun malade ne puisse sortir sans une permission du commissaire de l'hôpital ou un billet de sortie en règle. A leur rentrée il s'assure que ceux qui ont obtenu une permission de sortie ne rapportent aucun objet prohibé.

ART. 31.

Surveillance des visiteurs de l'hôpital.

Le portier s'assure que les visiteurs admis dans

l'intérieur de l'hôpital n'emportent à leur sortie aucun objet appartenant à la marine.

S'il découvre une soustraction, il arrête le délinquant, en demandant au besoin main-forte au chef du poste, et rend compte immédiatement de l'événement au commissaire des hôpitaux qui provoque de l'autorité supérieure les mesures nécessaires.

ART. 32.

Surveillance du jardin de la Préfecture.

Les gardiens préposés à la surveillance des grilles du jardin de la Préfecture et les plantons veillent avec le plus grand soin à ce qu'aucune dégradation ne soit commise aux arbres, plantes ou statues, et à ce que les enfants ne se livrent à aucun jeu pouvant gêner ou incommoder les promeneurs. Ils refusent l'entrée à tout enfant qui n'est pas accompagné d'une personne qui en réponde, aux hommes en état d'ivresse, aux mendiants et aux personnes portant des paquets.

L'entrée est interdite aux chiens qui ne sont pas tenus en laisse par leurs maîtres qui, dans aucun cas, ne peuvent les lâcher dans l'intérieur du jardin.

L'espace compris entre l'Hôtel de la Préfecture et la balustrade est interdit au public. Toutefois, les personnes qui ont affaire à la Préfecture peuvent y passer.

Il est permis de fumer dans le jardin, excepté dans l'allée qui longe l'Arsenal.

Tout contrevenant au présent ordre est arrêté et conduit au poste de la Préfecture ; le chef de poste en rend compte immédiatement au Major-général.

ART. 33.

Fournisseurs.

Les fournisseurs de la marine ou leurs commis ne peuvent entrer dans l'Arsenal que sur la présentation d'une carte personnelle, délivrée par le Commissaire aux approvisionnements et visée par le Major-général. Les hommes de peine qu'ils emploient pour une cause quelconque relative à leurs fournitures peuvent entrer dans le port sans carte, mais avec l'obligation d'être accompagnés, au moment de leur entrée et de leur sortie, par le fournisseur ou son commis, munis de leur permission permanente.

Si ces hommes de peine se présentent seuls, la grille leur est refusée jusqu'à ce qu'ils soient réclamés par leur patron.

ART. 34.

Personnes qui ont la libre entrée dans l'Arsenal.

L'entrée de l'Arsenal et des établissements de la marine est permise d'une manière générale :

1° Aux marins et soldats de toute arme et de tout grade en uniforme, aux ecclésiastiques en costume, aux ingénieurs des travaux hydrauliques munis d'une carte d'entrée permanente délivrée par le Major-général.

2° Aux autorités civiles qui n'ont pas l'habitude de porter le costume officiel et aux officiers en retraite munis d'une permission du Major-général ; cette permission, valable pour six mois, est personnelle.

3° Aux personnes non astreintes à l'uniforme faisant partie, à un titre quelconque, du personnel employé dans l'Arsenal et dans les établissements de la marine, pourvues d'une carte d'entrée délivrée par le chef de service dont ils dépendent et visée par le Major-général.

ART. 35.

Personnes accompagnées d'un officier de la marine.

Les officiers des différents corps de la marine en uniforme, les aumôniers de la flotte et les ingénieurs des travaux hydrauliques, munis de leur carte, peuvent seuls introduire dans l'Arsenal et ses annexes, les personnes qu'ils accompagnent, sous la condition expresse de rester constamment avec elles jusqu'à leur sortie.

Toute autre personne qui désire introduire des étrangers doit se pourvoir à la Majorité-générale d'une permission spéciale.

Ces dispositions ne s'appliquent pas au cas où les personnes à introduire sont étrangères de nation (voir art. 38).

ART. 36.

Employés des douanes et de l'octroi.

Les employés des douanes en uniforme et les préposés de l'octroi, sur la présentation de leur commission, sont également admis à pénétrer dans l'Arsenal sans permission pour l'exécution de leur service.

ART. 37.

En dehors des catégories ci-dessus mentionnées, nul ne peut entrer dans l'Arsenal sans une permission de la Majorité-générale, ni dans les établissements de la marine, situés hors de l'Arsenal, sans une permission du chef compétent. Ces permissions ne sont valables que pour le jour où elles ont été délivrées.

Personnes en dehors des catégories précédentes.

Elles sont remises aux gardiens à la sortie; les personnes qui en sont porteurs les présentent à toute réquisition pendant le cours de leur visite.

ART. 38.

Les étrangers de nation ne sont admis dans l'Arsenal et ses dépendances qu'accompagnés d'un aide-de-camp du Préfet maritime, d'un officier de la Majorité-générale ou d'une personne munie d'une permission spéciale, délivrée par le Préfet maritime, sur laquelle est indiquée la nationalité de l'étranger.

Etrangers de nation.

ART. 39.

Les personnes qui visitent le Port doivent entrer et sortir par la porte du Soleil, à moins d'une autorisation spéciale de passer par la porte du Nord.

Défense aux visiteurs de sortir par la porte du Nord.

Il n'est fait d'exception à cette règle que pour les personnes mentionnées aux paragraphes 1 et 2 de l'article 34, ayant rang d'officier, ainsi que pour leur société.

ART. 40.

L'entrée en voiture dans l'Arsenal ne peut être autorisée que dans des cas extraordinaires par le Préfet maritime ou par le Major-général, qui donne alors une permission spéciale ou un ordre verbal transmis par un aide de camp ou un officier de la Majorité-générale.

Entrée des voitures particulières.

CHAPITRE III.

INTRODUCTION DES MATIÈRES.

ART. 41.

Aucun objet ne peut être introduit dans l'Arsenal que sur un ordre écrit émanant de l'autorité compétente.

Par qui est donné l'ordre d'introduction.

Cet ordre sera donné, savoir :

1° Pour les objets destinés aux services des approvisionnements généraux de la flotte, des travaux hydrauliques et de l'habillement.	Par le Commissaire aux approvisionnements.
2° Pour le service des hôpitaux ou des subsistances. . .	Par les Commissaires de ces divers services.
3° Pour des objets appartenant à des officiers, passagers, etc., destinés à être embarqués sur des bâtiments qui se trouvent dans le port.	Par le Directeur des mouvements du Port.
4° Pour des objets appartenant à des services publics.	Par le Directeur des mouvements du Port.

Quant aux objets appartenant à l'Etat, qui doivent être transportés d'un établissement situé en dehors de l'Arsenal dans l'intérieur du Port et réciproquement, ils peuvent être introduits sur la présentation du billet de sortie qui a été délivré par le service expéditeur.

Dans ce but, à la sortie de l'établissement qui expédie, le billet est annoté du *Vu sortir* du portier préposé à la surveillance, et, lors de l'introduction, il est également annoté du *Vu entrer* du gardien de service à l'établissement destinataire. Après quoi, ce billet est remis au portier qui l'a annoté du *Vu sortir* par celui qui l'a annoté du *Vu entrer*.

ART. 42.

Les portiers vérifient les objets à introduire.

L'ordre d'introduction est présenté aux portiers ; ils vérifient les objets qu'on se propose d'introduire et annotent les résultats de leur visite sur le verso de l'ordre d'introduction.

ART. 43.

Tous les objets portés sur le même ordre doivent être introduits ensemble.

Tous les objets portés sur le même ordre d'introduction doivent être introduits en même temps.

Toutefois, il peut être donné une autorisation générale pour les colis et effets que les services publics sont autorisés à embarquer. Dans ce cas, l'autorisation reste déposée entre les mains des portiers, qui délivrent à chaque voyage un bulletin de transit énonçant les objets introduits et la date de l'autorisation.

ART. 44.

Billets de transit.

Si les objets à embarquer doivent être transportés à bord de navires mouillés hors des limites de l'Arsenal, l'ordre d'introduction ou le billet de transit est présenté aux gardiens des grilles ou issues de sorties, lesquels, après vérification, apostillent l'ordre ou le bulletin de transit du *Vu sortir*.

ART. 45.

Surveillance des vivres introduits par les ouvriers.

Les portiers veillent avec soin à ce que les ouvriers qui apportent leurs vivres dans l'Arsenal ne se servent que des paniers sans couvertures, et n'introduisent que les quantités de vin rigoureusement nécessaires pour leurs besoins (un litre environ par jour et par homme).

Dans aucun cas et sous aucun prétexte, les ouvriers ne peuvent introduire de l'eau-de-vie ou autre liqueur spiritueuse, ainsi que des objets pour en faire le commerce ; les ouvriers pris en contravention aux dispositions du présent article sont arrêtés et les objets saisis déposés au poste, jusqu'à ce qu'il soit statué par l'autorité sur la suite à donner.

CHAPITRE IV.

SORTIE DES MATIÈRES ET OUTILS.

ART. 46.

Par qui est donné l'ordre de sortie.

Aucun objet ne peut être enlevé de l'Arsenal que sur un billet de sortie.

Les billets de sortie sont délivrés :

1° Pour le matériel provenant du Magasin général. .	Par le sectionnaire qui a fait la délivrance, sous le visa du Garde-magasin général et du Commissaire aux approvisionnements.
2° Pour le matériel provenant des Magasins particuliers.	Par le garde-magasin particulier qui a fait la délivrance, sous le visa du Directeur.
3° Pour les applications directes faites par les ateliers ou chantiers, et pour les objets qu'ils ont réparés.	Par l'officier chargé de la surveillance de l'atelier, sous le visa du Directeur.
4° Pour le matériel provenant du service des vivres et des hôpitaux	Par les comptables, sous le visa du chef de service.
5° Pour des effets appartenant à des officiers embarqués ou à des passagers, et pour tous les objets appartenant à des services publics. .	Par le Directeur des mouvements du Port.
6° Pour des objets cédés à des particuliers ou à des services étrangers à la marine. .	Par le garde-magasin, sous le visa du Commissaire aux approvisionnements ou des Directeurs, selon le cas.
7° Pour les matières et objets rebutés et rendus aux fournisseurs	Par l'agent préposé à la garde de la salle des dépôts, sous le visa du Commissaire aux approvisionnements.
8° Pour les billets de sortie de la section du Magasin général concernant les travaux hydrauliques	Sous le visa d'un Ingénieur des travaux hydrauliques.

ART. 47.

Vérification des billets de sortie.

Le portier, à qui il est présenté un billet de sortie destiné à faire enlever de l'Arsenal ou de ses dépendances des objets, de quelque nature qu'ils soient, doit s'assurer par une vérification minutieuse :

1° Que le billet est expédié par qui de droit et délivré au nom de la personne qui le présente ;

2° Que tous les objets à sortir y sont mentionnés ;

3° Que les marques, numéros, adresses et signes quelconques, portés sur les objets, sont exactement les mêmes que ceux mentionnés sur le billet de sortie ;

4° Pour les objets rebutés par les commissions, qu'indépendamment des marques dont il est parlé au paragraphe ci-dessus, ces objets portent le signe de rebut et que ce signe est mentionné sur le billet de sortie ; si, par la nature des motifs qui ont amené le rebut il n'y avait pas lieu d'en apposer la marque, il en serait fait mention sur le billet de sortie.

Si le portier ne juge pas le billet valable, il fait faire le dépôt préalable des matières ou objets, et doit renvoyer le porteur près de qui de droit pour le faire régulariser.

Le portier apostille le billet, après vérification, du *Vu sortir*. — Le billet est valable pour le jour de la date.

ART. 48.

Le gardien major recueille les billets de sortie.

Chaque soir, les billets de sortie sont recueillis par le gardien major et remis le lendemain matin à l'Inspection.

ART. 49.

Ouvriers employés à un travail hors de l'Arsenal.

Lorsque des ouvriers doivent travailler hors de l'Arsenal, la liste nominative est remise aux portiers, ainsi qu'un billet de sortie indiquant les outils dont ils sont munis. Ce billet de sortie est expédié au nom de l'un des ouvriers ou du contre-maître qui, dans certains cas, les accompagne ; celui au nom duquel le billet de sortie est expédié est responsable de la rentrée des outils.

Ce billet reste déposé à la porte de l'Arsenal, le gardien y inscrit le *Vu sortir* ; à la rentrée du travail, les outils lui sont représentés afin qu'il inscrive le *Vu rentrer* sur le billet resté entre ses mains.

Les billets de cette espèce sont remis à l'Inspection dans une liasse séparée.

Si tous les outils sortis de l'Arsenal ne sont pas réintégrés après l'achèvement du travail, l'autorité à laquelle les billets sont remis, poursuit, auprès de qui de droit, le remboursement de la valeur des objets manquants.

CHAPITRE V.

SERVICE DES ENTREPRENEURS.

Art. 50.

Entrée de matières par les entrepreneurs.

Les entrepreneurs qui veulent faire entrer dans l'Arsenal et ses dépendances les matières brutes ou travaillées et les objets confectionnés destinés aux travaux qu'ils ont à exécuter, doivent remettre au portier un état sur lequel sont inscrits en détail ces matières ou objets, et, autant que possible, leur destination. Cet état, extrait d'un registre à souche et signé par eux, est laissé au portier, qui certifie qu'il a vu entrer les matières ou objets qui y sont portés ; il remet cet état au détail des travaux.

Art. 51.

Sortie de matières par les entrepreneurs.

Les matières brutes ou travaillées et les objets confectionnés ne peuvent sortir de l'Arsenal et ses dépendances que sur la présentation du billet de sortie extraordinaire délivré :

1° Par le garde-magasin particulier, sous le visa du Directeur ou de son représentant, si les matières ou objets proviennent du Magasin et sont livrés aux entrepreneurs pour être mis en œuvre ou réparés.

2° Par les conducteurs des travaux, sous le visa de l'Ingénieur ou du Directeur, si les matières ou objets appartiennent aux entrepreneurs, ou si, appartenant à l'Etat, ils proviennent de travaux en cours d'exécution et sortent pour être travaillés ou réparés chez les entrepreneurs.

ART. 52.

Visite des outils à l'entrée et à la sortie par les portiers.

Les portiers doivent visiter, à leur entrée et à leur sortie, les outils employés par les entrepreneurs, et s'assurer qu'ils sont marqués à chaud des premières lettres du nom de leurs propriétaires ; après avoir reconnu que ces outils ne portent point la marque de la marine, ils peuvent les laisser passer sans billet de sortie.

ART. 53.

Saisie des outils non marqués.

Tout outil qui, devant être marqué, ne l'est pas, ou qui porte la marque de la marine, est saisi, et procès-verbal de la saisie est remis par qui de droit à l'autorité compétente.

ART. 54.

Outils dispensés de la marque.

Peuvent être dispensés de la marque prescrite par l'art. 53, les outils des plâtriers, des couvreurs, ainsi que les marteaux et truelles de maçons.

ART. 55.

Entrée et sortie des ouvriers des entrepreneurs.

Les ouvriers des entrepreneurs entrent et sortent librement de l'Arsenal et dépendances aux heures réglementaires pour les ouvriers de la marine, mais seulement après eux, et lorsqu'ils veulent entrer ou sortir pendant les heures de travail, chacun d'eux doit présenter au portier un marron numéroté, portant le nom de l'entreprise à laquelle il appartient.

ART. 56.

Ouvriers de la marine qui emploient les marrons d'entreprise.

Les portiers empêchent de passer les ouvriers de la marine qui veulent sortir pendant les heures de travail en employant un marron d'entreprise ; ils adressent un rapport détaillé au Commissaire aux travaux.

Le marron est gardé, et remis au Commissaire aux travaux avec le rapport par le gardien-major.

CHAPITRE VI.

DES BATIMENTS DE COMMERCE ET DE LEURS ÉQUIPAGES.

ART. 57.

Heures auxquelles la traversée du port est fermée aux bâtiments du commerce.

Les bâtiments du commerce, qui ont à traverser l'Arsenal, ne peuvent, en toute saison, franchir les limites, à leur entrée, qu'une demi-heure avant le coup de canon de retraite et une demi-heure après celui de diane.

ART. 58.

Billet d'entrée et de sortie des bâtiments du commerce.

Les bâtiments traversant l'Arsenal, soit à la montée, soit à la descente, doivent remettre le billet d'entrée qui leur a été délivré par le Directeur des mouvements du Port au gardien de l'issue par laquelle ils entrent, et le billet de sortie à celui préposé à la surveillance du poste par lequel ils sortent ; ce dernier doit les visiter.

Si ces bâtiments sont à vapeur, ils doivent, en outre, prendre à la Direction des mouvements du Port un pompier qui les accompagne jusqu'à la sortie de l'Arsenal.

ART. 59.

Devoirs des gardiens de l'avant et de l'arrière-garde.

Les gardiens préposés à la surveillance des postes flottants de l'avant et de l'arrière-garde surveillent avec le plus grand soin les bâtiments du commerce qui traversent l'Arsenal ou qui y séjournent, et se livrent à toutes les recherches qu'ils croient nécessaires pour prévenir les soustractions d'objets appartenant à la marine.

Ils s'opposent au passage de toute embarcation n'appartenant pas à l'Etat qui n'a pas un billet de passe, et pour laquelle il n'a pas été donné d'ordres spéciaux par le Préfet maritime ou le Major-général. Ils visitent ces embarcations à l'entrée et à la sortie.

Ils doivent visiter à la sortie toute embarcation de l'Etat non montée par un officier.

ART. 60.

Visite à faire avant le départ des bâtiments qui ont séjourné dans le Port.

Les bâtiments qui séjournent dans le Port, soit pour y prendre, soit pour y déposer leur chargement, ainsi que ceux qui, ne faisant que traverser, sont obligés de mouiller pour y attendre le retour de la marée ou pour tout autre motif, ne peuvent démarrer qu'après avoir été visités par un portier désigné par le gardien-major, un maître de la Direction des mouvements du Port, désigné par le Directeur, et un gendarme pris au poste de la porte du Soleil. Si le bâtiment est à vapeur, le capitaine prend à la Direction des mouvements du Port un pompier qui veille à ce qu'on n'attise pas les feux pendant la traversée du navire.

Les agents chargés de cette visite accompagnent le bâtiment et ne l'abandonnent qu'au poste de l'avant ou de l'arrière-garde ; ils sont remis à terre par l'embarcation de service au dit poste, qui les prend en venant recevoir le billet de passe.

La Direction des mouvements du Port doit faire prévenir les services appelés à concourir à la visite, de manière à ce que cette opération puisse avoir lieu avant le démarrage.

ART. 61.

Les équipages des navires du commerce ne peuvent circuler dans l'Arsenal que sur le chemin qui conduit à la ville.

Les équipages des navires du commerce français ou étrangers qui doivent séjourner dans le Port, ne peuvent, sous aucun prétexte, s'éloigner pendant le jour du quai où leurs bâtiments sont amarrés, si ce n'est pour se rendre directement en ville ; tout individu qui est rencontré en dehors du chemin qui mène de son navire à la ville est arrêté et conduit au poste le plus voisin, jusqu'à ce que le Préfet maritime ait statué, d'après les informations qui lui sont transmises par le Major-général.

ART. 62.

Les hommes de cuisine peuvent aller à la coquerie pendant les heures de travail.

Toutefois, l'homme de cuisine de chaque bâtiment peut circuler, pendant les heures de présence des ouvriers, sur le chemin conduisant de son bord à la coquerie désignée pour le service de son navire, mais, dans aucun cas, il ne doit s'écarter de son chemin.

ART. 63.

Toute circulation leur est interdite pendant la nuit.

Toute circulation est interdite aux équipages depuis l'heure de la sortie des ouvriers jusqu'à l'heure de la rentrée dans le port.

ART. 64.

Tout marin du commerce qui n'a pas rejoint son bord avant la sortie des ouvriers ne peut rentrer que le lendemain.

Tout individu qui, s'étant rendu en ville, n'a pas rejoint son bord dans la soirée, avant la sortie des ouvriers, n'est plus admis dans l'Arsenal que le lendemain matin, à l'heure de la rentrée.

ART. 65.

Les marins du commerce ne peuvent sortir de l'Arsenal sans une permission écrite.

Les marins des dits bâtiments qui, pendant les heures où il leur est permis de circuler, ont besoin de sortir de l'Arsenal, ne peuvent passer que munis d'une permission délivrée par leur commandant ou par l'officier ou le maître de garde à bord. La dite permission est laissée aux marins pour qu'ils puissent la représenter et la remettre au gardien lors de leur rentrée dans l'Arsenal.

CHAPITRE VII.

MOUVEMENTS DE POUDRES DANS L'ARSENAL.

ART. 66.

L'entrée et la sortie des poudres ont lieu par la porte Rouge.

Lorsqu'il y a lieu de transporter dans la poudrière de l'Arsenal des poudres venant du dehors, le transport a lieu par l'extérieur et les poudres sont introduites par la porte dite porte Rouge.

Les mêmes dispositions sont suivies toutes les fois qu'il y a lieu de faire sortir des poudres déposées dans la poudrière de l'Arsenal.

Toutefois, l'apprêté destiné aux exercices des troupes, peut traverser l'Arsenal et sortir par la porte du Nord, pourvu qu'il soit renfermé dans une voiture couverte.

CHAPITRE VIII.

MISE A L'EAU DES BATIMENTS.

Art. 67.

Lorsque la mise à l'eau d'un bâtiment doit avoir lieu, les grilles de la porte du Soleil sont ouvertes au public une demi-heure après l'entrée des troupes de service.

Règle à suivre lors de la mise à l'eau d'un bâtiment.

Les personnes étrangères au service de la marine peuvent alors entrer sans permission ; mais il leur est formellement interdit de s'écarter de la route directe qui conduit de la porte du Soleil au point où a lieu le lancement.

Art. 68.

Les personnes qui s'écartent de ces prescriptions sont arrêtées par la garde, conduites hors de l'Arsenal, et signalées aux portiers pour que l'entrée leur soit refusée si elles tentent de s'y introduire de nouveau.

Les personnes qui s'écartent de la route directe sont conduites hors de l'Arsenal.

CHAPITRE IX.

DÉPOT DES CLEFS DES MAGASINS.

Art. 69.

Les clefs des dépôts et magasins existant dans les établissements de la marine sont déposées, chaque soir, sous la garde du chef des postes militaires désigné à cet effet.

Les clefs des dépôts et magasins sont mises chaque soir sous la garde du chef des postes militaires.

Les dispositions suivantes sont observées pour effectuer ce dépôt.

ART. 70.

Délivrance des clefs par les postes.

Chaque matin, à la fin du son de cloche (ou à l'heure correspondante, les jours fériés, s'il y a lieu), les clefs principales déposées au poste de la porte du Soleil sont prises par les comptables ou leurs agents de confiance, porteurs des clefs des compartiments où elles sont enfermées, et en échange des marrons libres correspondants. La délivrance en est faite par le sous-officier ou caporal de garde, sous la surveillance du chef de poste. Quant aux clefs des bureaux et ateliers, elles sont réunies au dépôt général, près le poste des gardiens, et la clef de ce dépôt est remise, seule, dans la chambre de l'officier, par un des portiers de service. Lorsque cet agent a besoin de la prendre, elle ne lui est délivrée qu'en échange d'un marron spécial.

ART. 71.

Remise des clefs au poste.

Le soir, dans la demi-heure qui suit le son de cloche et après les rondes d'extinction des feux, les clefs principales sont déposées au poste de la porte du Soleil ; le sous-officier ou caporal de garde, sous la surveillance du chef de poste, s'assure qu'elles ont toutes été remises.

ART. 72.

Le chef de poste rend compte immédiatement au Major-général des clefs qui n'ont pas été remises.

Si toutes les clefs ne sont pas rentrées, le chef de poste en rend compte immédiatement au Major-général, en indiquant celles qui manquent.

ART. 73.

Il rend compte également des clefs apportées après l'heure fixée.

Dans le cas où une des personnes chargées de déposer les clefs est en retard, les clefs n'en sont pas moins reçues ; le nom du porteur du marron, l'indication du service auquel il appartient, et l'heure du dépôt sont consignés par le chef de poste sur le registre du rapport.

ART. 74.

Le Préfet maritime ou le Major-général peuvent donner, soit d'une manière permanente, soit momentanément, l'autorisation de délivrer les clefs avant la cloche le matin, et de les déposer plus tard que le son de la clôche du soir.

Le Préfet maritime ou le Major-général peuvent changer les heures de délivrance et de remise des clefs.

ART. 75.

Des motifs imprévus ou urgents, autres que ceux d'alarme ou d'incendie, peuvent exiger, en dehors des heures réglementaires, l'ouverture des magasins. Si c'est pendant le jour, les clefs principales sont remises, malgré l'absence des porteurs de marrons, à tout commis sectionnaire ou magasinier représentant le comptable du magasin. On emploie pour cela la clef placée sous cachet à l'intérieur du coffre affecté à chaque comptable. Si c'est pendant la nuit, les clefs sont remises à tout porteur des mots d'ordre et de ralliement, en les faisant accompagner par un caporal ou soldat, qui veille à la sûreté du feu et à la fermeture des établissements.

Circonstances imprévues exigeant l'ouverture des magasins en dehors des heures réglementaires.

Dans ces deux cas, le chef du poste dresse un procès-verbal indicatif des faits, du nom et des fonctions de la personne qui a requis la délivrance des clefs, et des heures auxquelles elles ont été prises ou rendues.

ART. 76.

La même disposition est applicable, dans le service des hôpitaux, à l'égard du chirurgien de garde et des sœurs, seulement les mots d'ordre et de ralliement ne sont pas nécessaires.

Les dispositions précédentes sont applicables au service des hôpitaux.

ART. 77.

En cas d'incendie, les chefs de poste sont autorisés à faire délivrer les clefs sans remise des marrons, non seulement aux officiers en uniforme, aux employés bien connus et aux pompiers de la marine, mais aussi aux conducteurs, maîtres, contre-maîtres, piqueurs, gardiens et autres agents qui présentent des marrons spéciaux pour le cas d'alarme ou d'incendie.

Délivrance des clefs en cas d'incendie.

Le soir même ou le lendemain matin, ces chefs de poste font connaître au Major-général les clefs qui n'ont pas été rapportées et, autant que possible, les personnes auxquelles elles ont été confiées.

Art. 78.

On se conformera pour le détail, à l'arrêté du 5 juin 1847.

Quant aux détails d'exécution, non prévus par la présente consigne, on doit se conformer scrupuleusement aux dispositions contenues dans l'arrêté du Préfet maritime, en date du 5 juin 1847, approuvé par le Ministre, le 12 août suivant; à cet effet, un exemplaire dudit arrêté est déposé dans tous les postes qui doivent concourir à son exécution.

CHAPITRE X.

PRÉCAUTIONS POUR PRÉVENIR LES INCENDIES.

Art. 79.

Rondes des feux.

Des rondes de feux doivent avoir lieu dans tous les établissements de la marine et les ateliers des diverses Directions.

Art. 80.

Par qui elles sont faites.

Ces rondes sont faites par les lieutenants et sous-lieutenants attachés à la Direction d'artillerie et à la 3e compagnie d'ouvriers militaires; les sous-ingénieurs de 3e classe; les aides-commissaires et commis entretenus attachés au détail des approvisionnements et des travaux; les sous-agents et commis du service administratif des Directions; les sous-chefs des manutentions, sous-agents et commis de comptabilité attachés au Magasin général, commis aux écritures; par les conducteurs des travaux hydrauliques, maîtres entretenus, gardes d'artillerie, contrôleurs d'armes, chefs et sous-chefs ouvriers d'Etat et magasiniers, pour s'assurer chaque jour de l'extinction des feux. Elles circulent librement dans l'Arsenal et ses annexes, en donnant le mot de ralliement aux patrouilles qu'elles rencontrent et aux sentinelles devant lesquelles elles passent.

ART. 81.

Composition des rondes de feux.

Les employés chargés de ces rondes sont accompagnés chacun d'un pompier, porteur d'un fanal allumé, garni de bougie fournie par la Direction des mouvements du Port, et d'un porte-clefs désigné par le chef de service dont ils dépendent.

Les dispositions qui précèdent ne sont pas applicables à l'établissement de l'Hôpital, dans lequel il est fait des rondes fréquentes pendant la nuit.

ART. 82.

Les rondes des feux dans l'atelier des artifices et dans les bureaux situés hors de l'Arsenal sont faites par le concierge de ces établissements.

La surveillance de l'extinction des feux de l'atelier des artifices et des bureaux placés au dehors de l'Arsenal, est exercée par les concierges de ces établissements, qui sont responsables de tous les accidents susceptibles d'être imputés à leur négligence.

ART. 83.

Introduction des rondes de feux dans l'Arsenal.

Les rondes de feux sont introduites chaque soir dans l'Arsenal par l'officier chargé de la ronde-major.

A cet effet, les fonctionnaires, désignés le samedi par les chefs de service au Major-général, doivent se rendre au bureau de la Majorité-générale dix minutes avant l'heure indiquée, pour recevoir de l'officier de service le mot de ralliement et lui faire reconnaître les personnes qui les accompagnent.

Les chefs de rondes doivent consigner, sur un cahier tenu au poste de l'officier de garde à la porte du Soleil, le nombre de personnes dont ils sont accompagnés au moment de leur entrée dans l'Arsenal, et à leur sortie, pareille indication est portée sur ledit cahier.

Le chef de ronde de l'établissement des Subsistances s'inscrit également sur un cahier déposé au poste de la Fonderie.

Afin qu'on puisse s'assurer de la manière dont les rondes sont faites, le pompier qui accompagne l'employé chargé de la ronde dépose, dans chacun des locaux où il y a un feu, un marron qu'il a reçu de la Majorité-générale ; tous ces marrons sont recueillis, le lendemain matin, par un caporal de pompiers qui les rapporte au bureau du maître pour en faire la vérification; il les fait remettre ensuite au sous-aide-major de service. Il est rendu compte au Major-général et au Directeur des mouvements du Port, de toutes les infractions qui auraient été commises.

ART. 84.

Ronde générale faite à l'extérieur des établissements, après les rondes de feux.

Deux heures après la ronde ordinaire des feux, un caporal pompier et un homme de garde font une ronde générale à l'extérieur des établissements de la marine, compris dans l'intérieur du Port.

ART. 85.

Etablissements où se trouvent des foyers allumés.

Chaque matin, les agents employés dans les établissements où des feux doivent être allumés, se rendent à la Direction des mouvements du Port pour y prendre un marron. Après l'extinction des feux dans ces établissements, une ronde est faite par un pompier, muni d'une tige de fer garnie d'une mèche soufrée, pour s'assurer que les feux sont éteints et retirer le marron qui a été délivré le matin.

ART. 86.

Chaque chef de détail doit désigner un employé qui s'assure que toutes les précautions contre l'incendie ont été prises.

Indépendamment de la ronde faite par le pompier avant la fermeture des établissements, chaque chef de détail doit désigner un employé de son service qui s'assure que toutes les précautions ont été prises afin de prévenir les incendies.

Les mêmes mesures sont suivies dans les ateliers, où un contre-maître est désigné par le chef de service pour surveiller l'extinction des feux.

ART. 87.

Défense de fumer et d'employer des allumettes chimiques dans les établissements de la marine.

Il est interdit de fumer dans les établissements de la marine, tant à l'intérieur qu'à l'extérieur de l'Arsenal.

L'usage des allumettes chimiques est également défendu d'une manière absolue.

CHAPITRE XI.

DÉLIVRANCE DES COPEAUX AUX OUVRIERS.

ART. 88.

Chargement des tombereaux de copeaux, etc.

Les tombereaux de menus copeaux, de ripes, bourriers et de sciure de bois, qui sont délivrés aux ouvriers, sont chargés en présence d'un gendarme désigné à cet effet et d'un agent de la Direction des constructions navales, qui indique le point sur lequel doit s'effectuer le chargement.

ART. 89.

Surveillance des tombereaux jusqu'à leur sortie.

Immédiatement après le chargement, ils doivent être conduits, accompagnés par les personnes qui ont assisté à cette opération, derrière le poste de la gendarmerie, de manière à ne pas gêner la circulation ; ils restent sous la surveillance des gardiens et des gendarmes, qui veillent à ce qu'on n'y introduise, après coup, aucun objet soustrait dans l'Arsenal.

Ces tombereaux doivent sortir le jour même où ils ont été chargés.

CHAPITRE XII.

SERVICE DE L'ÉCLAIRAGE.

ART. 90.

Devoirs de l'agent de l'entrepreneur.

Un agent de l'entrepreneur de l'éclairage du Port couche chaque nuit dans le poste des portiers à la porte du Soleil, afin de pouvoir, lorsque les rondes rendent compte de l'extinction ou du mauvais éclairage d'un réverbère, aller en reconnaître la cause et y remédier.

ART. 91.

Surveillance de l'éclairage par les rondes.

Les chefs des rondes pour la surveillance des feux qui s'aperçoivent, dans leur tournée, du mauvais éclairage ou de l'extinction d'un réverbère, doivent, en sortant de l'Arsenal, en prévenir le poste de la porte du Soleil, pour que l'agent de l'entrepreneur y remédie sur-le-champ.

TITRE V.

ORDRE GÉNÉRAL

EN CAS D'ALARME OU D'INCENDIE

CHAPITRE I.

DISPOSITIONS PRÉLIMINAIRES.

ARTICLE 1er.

En cas d'alarme ou d'incendie pendant le jour, la générale est battue ou sonnée sur l'ordre du Préfet maritime dans tous les postes et quartiers de la marine, en commençant par l'Arsenal, le poste de la Préfecture excepté.

Pendant la nuit, il est tiré, d'après le même ordre, par la batterie du Port, deux coups de canon, et la générale bat ou sonne immédiatement, comme il est dit ci-dessus.

En conséquence, l'officier commandant les postes se dispose d'avance, au premier indice d'alerte, à faire tirer deux coups de canon, dès qu'il en reçoit l'ordre. Il fait prévenir, en même temps, le Major-général du sujet de l'alarme. Il informe du moindre danger l'officier de service à la Direction des mouvements du Port, et s'entend avec lui pour porter les premiers secours et donner les ordres convenables.

Le jour ou la nuit, dès que la générale se fait entendre au poste de la porte du Soleil, la cloche de la tour des signaux sonne en branle, ainsi que celles de tous les postes, pendant la première demi-heure ; celle de la tour et des deux postes les plus voisins du feu tintent ensuite pendant toute la durée de l'incendie.

ART. 2.

Au premier signal d'alerte, tous les chefs de service, après avoir pourvu promptement aux mesures indiquées ci-après, se rendent auprès du Préfet maritime.

Les officiers, commandant les postes dans l'Arsenal, se rendent immédiatement à l'Etat-Major de la Marine où le mot d'ordre leur est donné pour qu'ils puissent prendre possession de ces postes.

Lorsqu'ils y sont rendus, ils attendent que le Préfet maritime leur fasse donner l'ordre d'ouvrir les portes, et lorsque cet ordre leur est parvenu, ils le font exécuter avec toutes les précautions nécessaires pour empêcher l'introduction dans l'Arsenal de personnes autres que celles qui y sont employées.

Les officiers militaires et civils, les divers employés, les portiers, gardiens et tous autres agents attachés au service du Port et de l'Arsenal, se rendent rapidement à leurs détails respectifs, à moins qu'il ne leur ait été assigné d'avance, par leurs chefs, des destinations particulières. Ils y attendent les ordres qu'il est convenable de leur donner.

Les maîtres et contre-maîtres, chargés des clefs des dépôts d'outils, se tiennent à leurs chantiers respectifs pour y délivrer les objets nécessaires ; d'après les ordres des Directeurs ou des officiers qui les remplacent.

Les officiers supérieurs et autres de la marine, auxquels des postes ont été assignés, doivent s'y rendre sur-le-champ, et y attendre les ordres du Préfet maritime ou du Major-général.

Si ceux dont le poste est dans l'intérieur de l'Arsenal n'en trouvent pas les portes ouvertes, ils se réunissent comme il suit : les officiers militaires de la marine, à la Majorité-générale ; les ingénieurs des constructions navales et des travaux hydrauliques, devant la porte de l'Arsenal, à l'exception de l'officier de la Fonderie, qui se rend directement à cet établissement.

ART. 3.

Tous les corps organisés qui sont employés au service de la marine se réunissent à leurs casernes.

L'artillerie, en raison de son faible effectif, se tient prête à marcher en travailleurs.

L'infanterie est divisée en deux parties : l'une, armée pour doubler les postes et faire le service de l'Arsenal ; l'autre, disposée en travailleurs.

Toutefois, ces troupes ne marchent que sur l'ordre du Major-général. Après leur départ de la caserne, le major de chaque corps en prend le commandement, en conservant avec lui le nombre d'hommes nécessaire pour assurer le service.

Les officiers qui ne sont attachés ni aux batteries d'artillerie ni aux compagnies d'infanterie se réunissent à l'État-Major de la marine.

Les équipages de la flotte sont envoyés immédiatement, sous le commandement de leurs officiers, à la disposition du Directeur des mouvements du Port.

La compagnie de gendarmerie maritime se rend directement, et en armes, aux ordres du Major-général.

ART. 4.

Les bâtiments mouillés en rivière signalent un incendie, le jour ou la nuit, au moyen des signaux ordinaires de la tactique, appuyés de coups de canon tirés à de petits intervalles, jusqu'à ce que l'on ait à bord la certitude que les autorités maritimes de Rochefort sont prévenues du sinistre.

La nuit et le jour, au premier indice d'un incendie, les guetteurs de la tour Saint-Louis en donnent avis sur-le-champ au Major-général, au Directeur des mouvemens du Port, au Major de la flotte, à l'officier de service à la Direction des mouvements du Port et à l'autorité municipale, si l'incendie est en ville ou au faubourg.

CHAPITRE II.

DISPOSITIONS RELATIVES AUX VAISSEAUX ET AUTRES BATIMENTS

DANS LE PORT ET EN RIVIÈRE, AU PLACEMENT ET A L'ARMEMENT DES POMPES.

ART. 5.

Les amarrages des vaisseaux et autres bâtiments du Port sont partagés en quatre divisions, à chacune desquelles sont affectés un officier et un maître de la Direction des mouvements du Port.

La première division commence à l'avant-garde et comprend les 1er, 2e, 3e et 4e amarrages ;

La deuxième, les 5e, 6e, 7e et 8e amarrages ;

La troisième, les 9e, 10e, 11e et 12e amarrages ;

La quatrième, les 13e, 14e et 15e amarrages.

Les limites des postes occupés par les amarrages des vaisseaux qui composent chaque division, sont aussi celles des établissements à terre, situés entre les points extrêmes de cette division, et l'organisation des secours est commune aux vaisseaux et aux établissements à terre.

ART. 6.

Chaque division a son dépôt, savoir :

La première, sur les pontons n° 4, soutenant le 1er amarrage ;

La deuxième, sur les pontons n° 5, soutenant le 7e amarrage ;

La troisième, sur le bâtiment-amiral, soutenant le 11e amarrage ;

La quatrième, sur le 15e amarrage (arrière-garde).

ART. 7.

Un bateau-pompe est destiné à chaque division ,

portant le numéro de cette division, au dépôt de laquelle il reste constamment amarré.

Le gardien du dépôt a la clef et en répond.

Le bateau-pompe est dirigé, s'il y a lieu, par un patron désigné d'avance ; il est manœuvré par quatre officiers mariniers ou anciens matelots.

Il reçoit, en outre, au moment du besoin, deux charpentiers et deux calfats.

ART. 8.

Chacun des dépôts des quatre divisions est muni des objets dont le détail suit :

Deux grelins ;

Deux aussières ;

Deux grappins, dont un grand et un moyen, à pattes, avec une chaîne de 3 mètres et un organeau au bout, pour recevoir le grelin, de 45 à 60 centimètres ;

Dix haches fines ;

Dix tarières ;

Deux pinces ;

Vingt seaux en cuir.

ART. 9.

Il est, en outre, formé quatre dépôts d'outils, à portée des quatre divisions établies par l'article 5. Ils sont placées :

Le premier, à l'avant-garde, dans une cayenne ;

Le deuxième, près le poste du Port, dans une cayenne ;

Le troisième, derrière la corderie, ancien atelier du fil à voile ;

Le quatrième, à l'Abattoir de la marine.

Il y a dans chacun de ces dépôts :

12 haches ;

4 herminettes ;

4 pinces ;

4 masses.

ART. 10.

Chaque gardien de dépôt, cayenne et bâtiment reçoit sur inventaire les apparaux, outils et ustensiles indiqués par les articles 7 et 8, et il en est responsable.

ART. 11.

Les pompes sont déposées dans les établissements désignés par le tableau ci-après :

DIVISIONS.	POMPES.	LIEUX DE DÉPÔT.	DÉPÔT DES CLEFS.	Observations.
1re Division	Nos 1, 2, 3	Magasin général.........	Chez le portier du magasin	
	No 4......	A l'ancien bagne.........	Au poste des pompiers.	
	Nos 5, 19.	Près le poste des pompiers	Au poste des pompiers.	
2e Division	Nos 6, 7..	Derrière la corderie, à l'ancien atelier du fil à voile................	Au poste de l'amiral.	
	No 8.......	A l'artillerie............	Au poste de l'arrière-garde	
3e Division	No 9......	Hôtel de la Préfecture...	Chez le portier de l'hôtel.	
	No 10.....	Rue Saint-Louis.........	A la Majorité-générale.	
	No 11.....	A la caserne de Martrou.	Au poste de l'adjudant de service.	
4e Division	No 12.....	Aux Fonderies..........	Au poste du pompier.	
	No 13.....	Aux Subsistances.......	Au poste du pompier.	
	No 14.....	A l'abattoir de la marine..	Au poste du pompier.	
	Nos 15, 16	Hôpital de la marine....	Au poste du pompier.	
	Nos 17, 18	Caserne de Charente....	Au poste.	

ART. 12.

Outre son armement ordinaire, chaque pompe est munie des objets ci-dessous désignés :

33 mètres de manches de cuir de rechange.
100 seaux en toile.
6 fanaux clairs.
6 haches.
4 masses.
4 pinces.
4 grappins.
2 échelles (une grande et une moyenne).
1 pièce de cordage demi-usé.
2 poulies.
1 pièce de ligne d'amarrage.
1 pièce de merlin.

1 kilogramme de bougie.
1 coffre fermant à clef.
1 tourne-vis.
1 marteau.
1 tenaille.
6 pioches.
6 pelles de bois ferrées.
6 anspects.
2 échelles de couvreur et les crochets pour les fixer.

ART. 13.

Le lieu de dépôt et tous les ustensiles servant à chaque pompe sont marqués du même numéro que la pompe à laquelle ils appartiennent ; la clef est la même pour tous, et les manches en cuir doivent pouvoir s'ajuster indifféremment à toutes les pompes et les unes aux autres.

ART. 14.

La compagnie des pompiers du port se compose de 52 hommes, savoir : 1 maître, 1 contre-maître, 5 aides, 11 pompiers de 1re classe, 8 de 2e, 8 de 3e et 13 de 4e classe.

Le maître et le contre-maître sont employés, au lieu de l'incendie, pour organiser et régler la direction du service des pompes, sous l'autorité supérieure du Directeur des mouvements du Port, qui prend à ce sujet les ordres du Major-général.

La direction particulière de chacune des pompes est confiée à un ouvrier pompier, chef de pompe.

ART. 15.

Chaque pompe est manœuvrée par un armement double en travailleurs. Un contre-maître et un aide-ouvrier sont préposés pour la surveillance de chaque escouade.

ART. 16.

Tous les maîtres, contre-maîtres, aides-contre-maîtres, ouvriers et journaliers des diverses professions, employés dans l'Arsenal et *qui sont logés dans le faubourg*, se réunissent, au premier signal d'alarme, devant la porte de l'Hôpital de la marine, où ils reçoivent les ordres des officiers chargés de la direction des pompes.

ART. 17.

Tous les maîtres, contre-maîtres, aides-contremaîtres, ouvriers et journaliers des diverses professions, employés dans l'Arsenal, et *qui sont logés en ville*, et qui par les articles précédents n'ont pas reçu une destination spéciale, se réunissent, au premier signal d'alarme, sur la place de la Galissonnière, où ils restent jusqu'à ce que les portes de l'Arsenal soient ouvertes ; ils sont, dès ce moment, si les circonstances l'exigent, mis à la disposition des officiers de la Direction des mouvements du Port.

ART. 18.

Tous les maîtres, contre-maîtres, aides-contremaîtres, ouvriers et journaliers réunis sur la place de la Galissonnière sont introduits dans l'Arsenal aussitôt que les portes en sont ouvertes, et se rendent immédiatement aux postes indiqués ci-après, savoir :

Ouvriers par professions.	*Lieux de réunion.*
Les charpentiers et ouvriers de l'atelier des chaloupes et canots.	Direction des constructions navales.
Ouvriers de la grosse chaudronnerie, forgerons, cloutiers et zingueurs, calfats, ouvriers de la petite chaudronnerie, poulieurs, sculpteurs. . . .	Magasin général (porte neuve).
Ouvriers de la mâture, menuisiers et ouvriers de l'atelier des grosses œuvres et cabestans, scieurs-de-long, serruriers et avironniers. . . .	Atelier de la mâture.

Les contre - maîtres, aides, ouvriers employés à la Fonderie se rendent directement à la porte de cet établissement.	Fonderie.
Les cordiers, perceurs, peintres, ouvriers des machines et du montage, journaliers des mouvements généraux	Atelier de la corderie.
Gardiens de bureaux et journaliers gardiens de bureaux.	A leurs bureaux respectifs.
Journaliers de magasins. . .	A leurs magasins respectifs.

Art. 19.

Dès que ces agents sont rendus à leurs postes respectifs, ils sont mis à la disposition des officiers de la Direction des mouvements du Port, qui, aidés des officiers des différents services, les forment en escouades et les dirigent sur les dépôts de pompes à incendie.

Art. 20.

Les pompes ne sont enlevées de leurs dépôts que sur l'ordre d'un officier de la Direction des mouvements du Port donné d'après la demande du maître pompier de la marine ; les clefs des dépôts ne sont remises par les portiers, gardiens et autres qui en sont chargés, qu'aux pompiers chefs de pompe qu'on leur a fait connaître d'avance et qui ne doivent se présenter qu'en uniforme.

Les pompiers chefs de pompe ne laissent sortir des dépôts que les pompes, ainsi que les fanaux de nuit, si l'obscurité les rend nécessaires. Les autres ustensiles ne sont délivrés ultérieurement que sur l'ordre exprès de l'officier qui a autorisé l'enlèvement des pompes.

Les chefs de pompe sont responsables des objets qui leur sont confiés, et de leur rentrée dans les dépôts.

Les portiers et les gardiens ayant les clefs des dépôts

ne doivent ouvrir les magasins qu'aux chefs de pompe, et ne laissent rien enlever que par eux.

ART. 21.

Si le feu se déclare dans un des bureaux du Port, le chef de détail apporte tous les soins possibles à la conservation des papiers, registres et pièces de comptabilité; il en fait faire sur-le-champ des liasses prêtes à être enlevées et portées dans des lieux désignés par le Directeur du service. Ces dispositions sont également prises dans les bureaux voisins de l'incendie.

CHAPITRE III.

DU MAJOR-GÉNÉRAL.

ART. 22.

Au premier signal d'alerte occasionné dans le Port par un incendie ou tout autre événement, le Major-général, prévenu de suite par l'officier commandant les postes, se fait rendre compte de l'état des choses, prescrit les premiers secours et fait doubler les postes militaires, ainsi que le nombre des sentinelles ; s'il en reconnaît la nécessité, il fait placer une sentinelle devant la caisse des Invalides de la marine.

ART. 23.

Il transmet à tous les chefs des corps organisés les ordres du Préfet maritime sur l'emploi des hommes armés ou des travailleurs.

ART. 24.

Il fait aussi, selon les circonstances, diriger sur chaque poudrière, pour surveiller ces établissements, un officier et un détachement de dix hommes pris dans les batteries d'artillerie.

Il envoie également huit artificiers du même corps

pour veiller, sous les ordres du maître entretenu, à la conservation de l'atelier des artifices et des matières qu'il renferme.

ART. 25.

Il met à la disposition du Directeur des mouvements du Port tous les officiers dont il peut rigoureusement se passer lorsqu'il a pris toutes les mesures que comportent les circonstances.

ART. 26.

Si le signal d'alarme est donné, pendant la nuit, pour un danger menaçant les établissements situés dans l'intérieur de l'Arsenal, il fait ouvrir la porte du Nord aux officiers, aux agents du service de la marine, aux troupes et aux ouvriers.

La garde de cette porte, quoique doublée, est augmentée encore par des gendarmes qui, de concert avec les portiers, reconnaissent les individus qui se présentent pour entrer.

Le Major-général convient à l'avance, avec le commandant de la place, des mesures à prendre dans le cas où les troupes de la marine ne suffiraient pas.

ART. 27.

Il fait diriger de fréquentes patrouilles de gendarmes sur tous les points où leur présence est jugée nécessaire pour la surveillance et la protection des établissements.

Il envoie le commandant de la gendarmerie aux ordres du Préfet maritime, et garde le lieutenant près de lui.

CHAPITRE IV.

DU DIRECTEUR DES CONSTRUCTIONS NAVALES.

ART. 28.

Le Directeur des constructions navales désigne d'avance :

1° Deux charpentiers et deux calfats pour chacun des

quatre bateaux-pompes attachés aux quatre divisions d'amarrages, ainsi qu'il est dit à l'article 6 du présent.

2° Vingt charpentiers, calfats ou perceurs, pour chacun des quatre dépôts flottants.

3° Pour chacun des dépôts indiqués par l'art. 8, vingt ouvriers capables de se servir des outils qui y sont déposés.

ART. 29.

Dès que le choix et la répartition des ouvriers destinés aux services indiqués par l'article précédent sont terminés, le Directeur des constructions navales fait rassembler tous les ouvriers qu'il a désignés ; il leur indique leurs postes, en leur donnant l'ordre de s'y rendre au premier signal d'alarme.

CHAPITRE V.

DU DIRECTEUR DES MOUVEMENTS DU PORT.

ART. 30.

Au premier indice d'alerte, le Directeur des mouvements du Port, prévenu par l'officier de garde à la Direction, prescrit au sous-directeur et au maître-pompier les manœuvres à faire pour le déplacement des bâtiments, dans le cas où cette manœuvre serait nécessaire pour l'extinction du feu.

En cas d'incendie pendant la nuit et en attendant les ordres du Directeur, l'officier de garde à la Direction des mouvements du Port se rend sur-le-champ au lieu du danger et s'entend avec l'officier commandant les postes pour faire porter les premiers secours.

ART. 31.

Le Directeur des mouvements du Port pourvoit d'avance aux dispositions prescrites par le chapitre II du présent réglement. Il doit, en conséquence, tenir bien préparés les bateaux-pompes; assurer leur équipement; munir les quatre dépôts de divisions d'amarrages, les dépôts d'outils et les bâtiments du Port, de tous les objets nécessaires; entretenir les pompes dans le meilleur état possible; affecter un pompier à chacune d'elles, et préparer les ordres et les consignes dont il est fait mention à l'art. 19.

ART. 32.

Il choisit immédiatement les officiers et les maîtres qu'il juge devoir préposer aux quatre divisions d'amarrages et détermine leurs postes respectifs.

Il désigne, suivant les besoins, à bord des vaisseaux, frégates, corvettes de charge, gabares et autres bâtiments amarrés dans le Port, les officiers, les officiers-mariniers et matelots qui restent disponibles. Il donne à tous des instructions relatives à leur emploi.

ART. 33.

Le sous-directeur des mouvements du Port et l'officier qui le suit immédiatement ont sous leur surveillance spéciale et supérieure deux grandes divisions d'amarrages; ils sont responsables, envers le Directeur des mouvements du Port, de l'exactitude et de la régularité du service des officiers et marins employés dans ces divisions.

ART. 34.

Les chefs des divisions d'amarrages les plus éloignés du danger, en cas d'incendie, portent la plus grande attention à faire refluer, d'après l'ordre du Directeur ou du sous-directeur des mouvements du Port, tous les secours dont ils peuvent se passer sur la division où est le feu, en ne conservant que les moyens strictement nécessaires pour exercer, dans leurs limites, une surveillance très stricte, obvier aux inconvénients prévus, et parer surtout à l'action des flammèches.

ART. 35.

Si le feu se déclare en ville pendant la nuit, les pompes

nos 9, 10, 11, 12, 13, 14, 15, 16, 17 et 18, qui sont hors de l'enceinte du Port, sont conduites sur-le-champ, d'après les ordres du Major-général ou du Directeur des mouvements du Port, sur le lieu du sinistre ; mais elles ne sortent du dépôt qu'accompagnées des pompiers chargés de leur manœuvre.

ART. 36.

Le Directeur des mouvements du Port assiste le plus souvent possible à l'exercice des pompes et à la visite des dépôts. Le sous-directeur et l'officier qui le suit immédiatement, chargés chacun de la surveillance supérieure d'une grande division, veillent par eux-mêmes au bon état et à l'entretien des moyens de secours en cas d'incendie.

Le premier dimanche de chaque mois, chacun d'eux visite, ou fait visiter par l'officier chef de division, les pompes attachées à cette division ; elles sont, le même jour, essayées par les pompiers, et, le lendemain, il est rendu compte de cette opération au Préfet maritime par le Directeur des mouvements du Port.

CHAPITRE VI.

DU DIRECTEUR D'ARTILLERIE.

ART. 37.

Le Directeur d'artillerie veille par lui-même à ce que la compagnie d'ouvriers soit promptement rassemblée, comme il est dit dans les dispositions préliminaires du présent ordre ; elle reste disponible jusqu'à ce que des secours en hommes armés ou en travailleurs lui soient demandés par le Major-général.

ART. 38.

Il envoie à la salle d'armes le contrôleur, deux ouvriers et le gardien, sous la direction de l'officier chargé de cet établissement, pour y veiller à la sûreté des armes et délivrer celles qui seraient légalement demandées.

ART. 39.

Le maître artificier se rend immédiatement à son atelier pour veiller à la sûreté de l'établissement et à la conservation des matières ; il reçoit à cet effet un détachement de huit artificiers des compagnies d'artillerie.

CHAPITRE VII.

DU DIRECTEUR DES TRAVAUX HYDRAULIQUES.

ART. 40.

En cas d'alarme dans le Port, les divers agents, les maîtres, contre-maîtres et les ouvriers des travaux hydrauliques se réunissent vis à vis les bureaux de la Direction où ils attendent les ordres du Directeur.

ART. 41.

Si la pompe à feu peut contribuer à éteindre l'incendie, le Directeur envoie le nombre d'ouvriers nécessaires pour la faire jouer.

ART. 42.

Dans tous les cas, il concourt, par ses conseils et par tous les moyens à sa disposition, à faire porter aux établissements atteints par le feu les secours les plus prompts et les plus efficaces.

Si l'incendie se déclare dans un établissement à terre, les secours sont dirigés suivant les indications du Directeur des travaux hydrauliques et du Directeur des mouvements du Port.

CHAPITRE VIII.

DU COMMISSAIRE GÉNÉRAL.

Art. 43.

Le Commissaire général, après avoir pris les ordres du Préfet maritime, donne les destinations les plus en rapport avec les besoins du moment, aux administrateurs et aux employés qu'il ne juge pas nécessaire de retenir dans leurs détails respectifs.

Art. 44.

Le Commissaire préposé au détail des approvisionnements reste dans son bureau pendant tout le temps de l'incendie, pour faire délivrer des magasins les objets dont l'emploi est nécessaire ; la demande lui en est faite par des officiers, des maîtres, contre-maîtres, chefs d'escouade à ce autorisés.

Il les fait délivrer par des commis aidés de gardiens ou de distributeurs.

Il est enjoint à ces commis de ne rien délivrer qu'à des agents connus, de prendre leurs noms, et de tenir un compte exact et détaillé de ce qui est délivré à chacun d'eux.

Ils reçoivent des instructions très expresses pour que l'urgence des secours à fournir ne puisse nuire au bon ordre, et que, d'un autre côté, la régularité des formes ne retarde pas l'usage des moyens réclamés.

CHAPITRE IX.

DU DIRECTEUR DU SERVICE DE SANTÉ.

Art. 45.

Au premier signal d'alarme, le chirurgien de 1re classe et son aide, affectés au dépôt des blessés, se rendent promptement à ce dépôt ; il y est envoyé en plus un chirurgien de 2e classe et un de 3e, ou même un plus grand nombre, si le Directeur du service de santé le juge nécessaire.

Art. 46.

Les officiers de santé de la marine se rendent également sur-le-champ à l'Hôpital, pour y faire panser les blessés qu'on y transporterait.

Art. 47.

Si le feu se trouve près de l'Hôpital et qu'il y ait danger à craindre pour lui, les officiers de santé en chef se concertent avec le commissaire chargé de l'Hôpital sur les dispositions à prendre pour diriger les malades sur le lieu désigné par le Commissaire général. L'évacuation doit se faire sans confusion et avec les précautions convenables pour ne point effrayer les malades et aggraver leur état.

CHAPITRE X.

DU MAJOR DE LA FLOTTE.

Art. 48.

En cas d'incendie dans l'Arsenal, le Major de la flotte se rend immédiatement à bord du bâtiment central de la réserve, ou à bord de celui des bâtiments placés sous son commandement qui se trouve le plus près du lieu de l'incendie. Les commandants des diverses catégories de la réserve se rendent à leur bord.

Après avoir réuni tout le personnel dont il dispose, il se rend auprès du Préfet maritime pour attendre ses ordres.

CONCLUSION.

Art. 49.

Tous les chefs de service sont chargés d'établir des mesures sur les bases des présentes dispositions ; ils sont responsables, chacun en ce qui le concerne, de leur exécution.

Les mesures exceptionnelles qu'il y a lieu de prendre et qui dérogent aux règles ordinaires de la comptabilité, spécialement pour ce qui regarde les délivrances et les sorties des matières, sont communiquées à l'Inspecteur en chef.

Rochefort, le 1er juin 1864.

Le Contre-Amiral, Major-général de la Marine,

DE ROSAMEL.

Vu et approuvé :

Le Vice-Amiral, Préfet maritime,

LARRIEU.

TABLE DES MATIÈRES.

ROCHEFORT. — IMPRIMERIE CH. THÈZE.

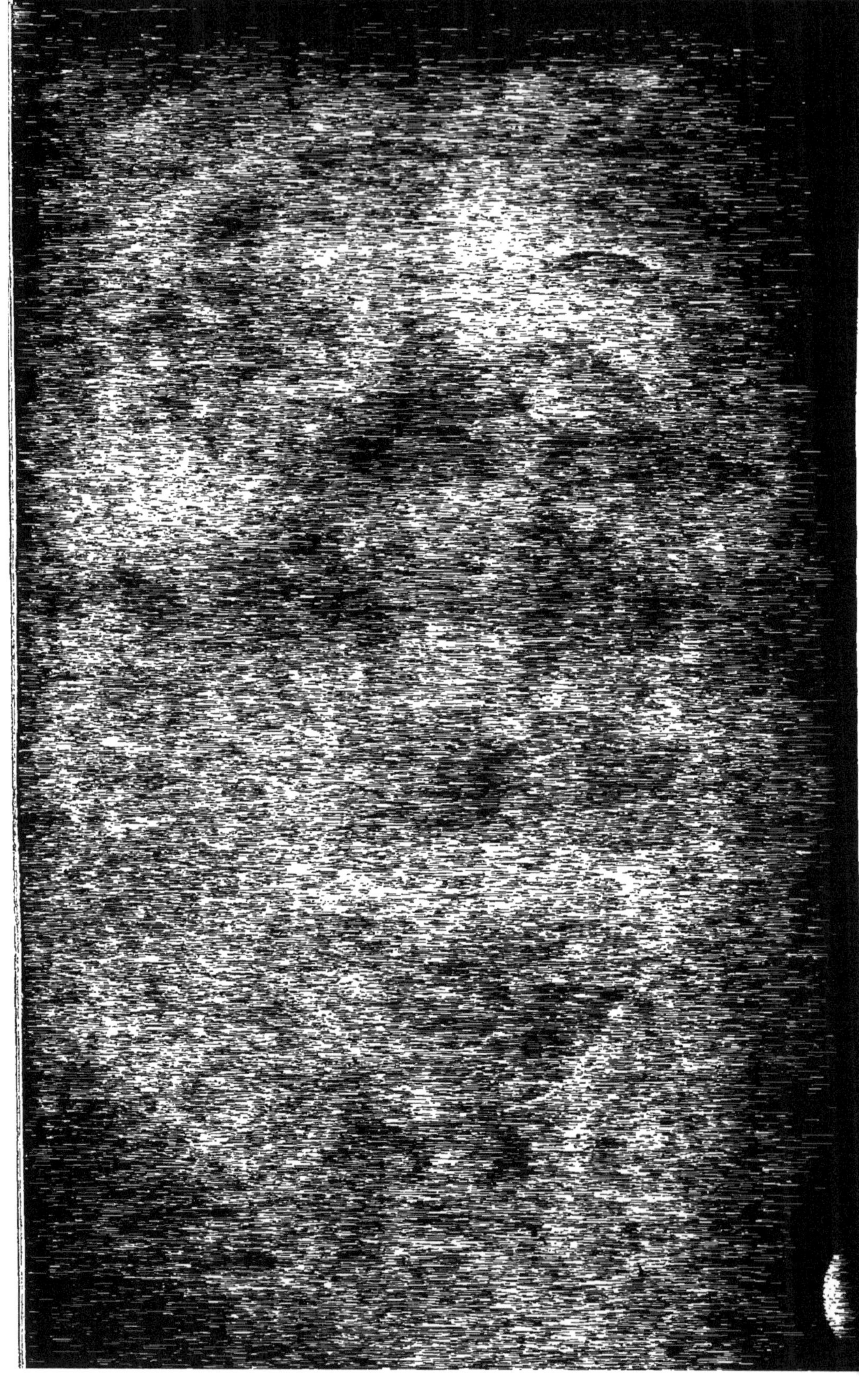

www.ingramcontent.com/pod-product-compliance
Ingram Content Group UK Ltd.
Pitfield, Milton Keynes, MK11 3LW, UK
UKHW020146200726
13856UKWH00003B/866

9 782011 743091